企業キャラクターの開発・育成・運用から
コミュニケーション戦略まで

強いブランドをつくる

キャラクターマーケティング

の新しい教科書

山本達也
糸乗健太郎

CONTENTS

はじめに ……………………………………………… 010

第 1 章

企業キャラクターを ソリューションへ

- **1-1** 企業キャラクターとは何か？ ……………… 018
- **1-2** 企業キャラクターの目的 …………………… 021
- **1-3** 企業キャラクターの3つの基本機能 ……… 024
- **1-4** 基本機能① アイキャッチャーとしての機能 …… 025
- **1-5** 基本機能② コミュニケーターとしての機能 …… 030
- **1-6** 基本機能③ インナーモチベーターとしての機能 …… 033
- **1-7** 企業キャラクターの得意と不得意 ………… 036
- **1-8** 比較① 即効性 ……………………………… 039

1-9	比較② オリジナリティ	041
1-10	比較③ コスト	044
1-11	比較④ リスクコントロール	046
1-12	比較⑤ 自由度	048
1-13	課題起点の企業キャラクター開発実例 Ponta（ポンタ）	050
1-14	企業キャラクターのIPビジネス展開	057
1-15	IPビジネス展開の3つの効果	059
1-16	IPビジネスをはじめるために	062

第 2 章

企業キャラクターを開発する

- 2-1 企業キャラクターの開発プロセス ……… 066
- 2-2 課題の設定 ……… 067
- 2-3 課題起点の企業キャラクター開発実例 ナナナ ……… 068
- 2-4 デザイン開発／ネーミング／世界観開発 ……… 071
- 2-5 デザイン開発 ……… 072
- 2-6 デザイン開発の要件① 象徴性 ……… 074
- 2-7 デザイン開発の要件② 独自性 ……… 078
- 2-8 デザイン開発の要件③ 視認性・識別性 ……… 081
- 2-9 デザイン開発の要件④ 汎用性 ……… 083
- 2-10 デザイン開発の要件⑤ 倫理性・文化的配慮 ……… 085

2-11	企業キャラクターのデザイン開発実例 Ponta（ポンタ）	087
2-12	ネーミング	099
2-13	世界観開発	105
2-14	世界観を構成する要素① パーソナリティ	108
2-15	世界観を構成する要素② コミュニティ	110
2-16	世界観を構成する要素③ ストーリー	113
2-17	世界観開発と拡張の注意点	117
2-18	スタイルガイドの開発	120

第 **3** 章

企業キャラクターを育成し運用する

- **3-1** なぜ育成と適切な運用が必要なのか？ ……… 136
- **3-2** 企業キャラクターの3大育成・運用ポイント … 139
- **3-3** キャラクター体験設計 ……………………………… 140
- **3-4** キャラクター体験設計3つの目的 ……………… 141
- **3-5** キャラクター体験設計5つのポイント ………… 147
- **3-6** 体験設計のポイント① コンタクトポイントを洗い出す …… 149
- **3-7** 体験設計のポイント② オウンドメディアの活用が鍵になる … 152
- **3-8** 体験設計のポイント③ マスパワーに頼り過ぎない …… 154

3-9	体験設計のポイント④ リアルな場での体験価値の提供	155
3-10	体験設計のポイント⑤ コラボレーションで体験を広める	157
3-11	キャラクター体験設計の実例	159
3-12	クオリティコントロール	171
3-13	管理と自走の仕組みづくり	176
3-14	キャラクター開発者との協業	180
3-15	キャラクター開発者による制作・監修ポイント	183
3-16	インナーコミュニケーション	187
3-17	企業キャラクターの育成・運用体制の実例 ロイヤリティ マーケティング	193

第4章 デジタル時代の企業キャラクターコミュニケーション

- **4-1** オールウェイズ・オンがコミュニケーションの主流へ ……… 204
- **4-2** オールウェイズ・オンのコミュニケーション実例
  Ponta（ポンタ）のXコミュニケーション ……… 209
- **4-3** AIキャラクターが日常に寄り添う未来 ……… 216
- **4-4** AIキャラクターの実例① キャラトーカーAI ……… 218
- **4-5** AIキャラクターの実例② CHABOT Ponta ……… 222
- **4-6** 企業キャラクターとファンコミュニティ ……… 225
- **4-7** ファンコミュニティの拡張実例 バファローズ☆ポンタ ……… 230
- **4-8** 企業キャラクターはみんなのものへ ……… 238

4-9	生活者主導型の実例① キャラクターアバター	241
4-10	生活者主導型の実例② アイコンメーカー	244
4-11	生活者主導型の実例③ キャラクターARフィルター	246
4-12	時代の波をとらえ、乗りこなす企業キャラクター	248

おわりに ………………………………………………… 250
謝辞 ……………………………………………………… 252
本書内容に関するお問い合わせについて ………… 253
著者略歴 ………………………………………………… 254

はじめに

キャラクター飽和時代に、ますます求められる戦略性

　とにかく何でもキャラクター化したくなる。何でもキャラクターに語らせたくなってしまう。
　これは日本人の本能なのでしょうか。
　中央省庁から地方自治体まで、国中のどの行政機関も一様にオリジナルのマスコットキャラクターを盛んに活用し、また、国内のありとあらゆる地域でその土地を象徴するご当地キャラクターがつくられ、キャラクターたちが地域の魅力をPRしあっている国は世界中でも日本以外にはおそらくないのではと思います。
　日常を見わたせば、子どもや若者のキャラクター好きはもとより、大人であってもキャラクターグッズを身に着け、使うことはごく当たり前の風景ですし、年配の方もかわいらしいキャラクターのLINEスタンプを抵抗なく使いこなしているように、老若男女問わずキャラクターは人々の生活を豊かにしてくれる欠かせない存在であり、大切なコミュニケーションツールとなっています。

　日本人のキャラクター好きは統計上も明らかです。筆者が関わった企業キャラクターに関する生活者インサイト調査においても、各世代への「キャラクターは好きですか？」という問いに対し、「とても好き／まあ好き」という好意を表す回答は、もっとも高かった女性18歳〜34歳の層で85.2％、全世代平均でも67.4％が好意を示しているように、日本人のキャラクターへの受

容性の高さが読みとれます。

　また、日本人のキャラクター好きは巨大な市場を生み出し、2024年度のキャラクタービジネスの国内市場規模（商品化権・版権）は前年度比101.8％の２兆7,464億円になると予測されています。

　ここ10年を見てもこの数字は右肩上がりの堅調な推移をつづけており、日本人のキャラクターニーズの高さを象徴するキャラクタービジネス市場にも衰えの様子は見られません（矢野経済研究所「キャラクタービジネスに関する調査（2024年）」（2024年７月９日発表）注．商品化権は小売金額ベース、版権は契約金額ベースにて算出）。

　このような無類のキャラクター好きという日本人の特性を背景に、日本ではキャラクターを活用した企業の広告コミュニケーション活動も非常に盛んに行われてきました。

　とくに、企業が独自に開発を行う「企業キャラクター」は、自社の商品・サービスの顔、アイコンとして他社との差別化も行いやすく、企業や商品・サービスのメッセンジャーとしての役割も期待され、いまも数多くの企業キャラクターが生み出されつづけています。

　実際に、キャラクター・データバンク社の調査によると、企業の広告販促活動におけるキャラクターの販促起用件数は、2023年度は前年度比113.2％と大きく増加しただけでなく、同社が調査を開始して以降、過去最大の件数を記録するなど、広告コミュニケーションにおけるキャラクターのかかわりは、ますます増加の一途をたどっています（『CharaBiz DATA 2024㉓』2024、キャラクター・データバンク）。

今後も世の中のキャラクターは確実に増えつづけるはずです。高機能なデジタルツールの一般化は、低コストで高クオリティなコンテンツ制作をますます容易にし、人々の創作機会、創作モチベーションを増大させ続け、さらに、生成AIの進化は大量のコンテンツ制作を凄まじい勢いで加速化させていくことでしょう。

　このように、もともとのキャラクター大国としての土壌に加え、ますますキャラクターが増え続けている時代背景の中で、いま日本のキャラクター市場は飽和状態といっても過言ではありません。
　企業キャラクターという領域においてもそれは例外ではなく、すべての企業キャラクターは大変過酷な環境の中にあり、大量に生み出された企業キャラクターたちが、その使命を全うすることなく放置・忘却されていく現実を目の当たりにするのは大変寂しく残念な限りです。
　キャラクターサバイバル時代のいま、開発主体である企業側は、企業キャラクターの活用目的を明確化したうえで、課題やターゲットに沿ったキャラクター開発と育成・運用を行う「戦略性」をもつことが不可欠となっているといっていいでしょう。

なぜ、企業キャラクターは戦略的に語られてこなかったのか？

　日本において、企業キャラクターは従来から広告コミュニケーション手段のひとつとして盛んに使われてきたものの、キャラク

ター開発の目的が曖昧であったり、勘や感覚のみに頼る運用であったり、イラストカットとして広告の空きスペースを埋めるための飾りや賑やかしのように使われるケースが多くを占めてきたのではないでしょうか。

　企業の広告コミュニケーション活動において、キャラクターはどのような機能をもち、どのような効果をもたらすのか？　企業キャラクターの戦略的な開発・育成・運用方法とは？　こうした議論や検証、体系化が行われることは非常に限定的で稀であったように思います。

　なぜ、企業キャラクターはロジカルに戦略的に語られることがなかったのでしょうか？

　キャラクターは、しょせん子ども向けのもので戦略を語るほどのものではない、という意識をもつ人が少なくなかったことも理由のひとつでしょう。

　もう一点、大きな要因として、冒頭でもふれましたが、子どもから大人までおしなべてキャラクター好きという国民性が大きく影響していると考えています。

　小さな頃からキャラクターに慣れ親しみ、キャラクターが空気のように日常に溶け込みすぎているために、あえてロジカルにとらえるという特別な意識も生まれてこなかったというわけです。

　キャラクターは「なんかかわいくて楽しい存在」「なんとなく和んで落ち着く存在」としてごく自然に日常の一部となり、企業のコミュニケーション活動上も往々にして、「なんとなく役に

立っている気がする」という感覚を頼りに使用されてきました。

　いまの時代に求められる企業キャラクターコミュニケーションのあり方として、本書の主題は、まさにこの感覚的な「なんか」「なんとなく」をあらためてロジカルにとらえ、言語化、体系化し、ターゲットへ戦略的にアプローチすることにあります。

　キャラクターの飽和時代にあって、もはやデザインがかわいいだけでは企業キャラクターは生き残れません。企業キャラクターをつくっただけで競合他社との差別化ができる時代ではないのです。

　企業キャラクターを活用したコミュニケーション活動の成否は、適切な戦略とその実行を確実に行えるかどうかにかかっています。

企業キャラクターにかかわるすべての人へ

　本書は次のような人を主な読者として想定しています。

　　・企業で広告宣伝やマーケティング業務に携わる人
　　・広告会社やデザイン会社のクリエイティブ部門・マーケティング部門に所属する人

　さらに、こうした人々に留まらず、営業部門からバックオフィスに所属する人まで、幅広く読んでいただける内容としてまとめています。

　企業キャラクターは広告コミュニケーションを中心とした顧客へのアプローチだけでなく、広報活動やリクルート活動、従業員

のモチベーションアップやロイヤリティ向上などのインターナルなコミュニケーションまで、企業のあらゆるコミュニケーション活動の軸となり、企業とそのビジネスを活性化させていく大きな可能性を秘めています。

　本書が企業キャラクターに携わるすべての人の一助となり、加えて、キャラクターを感覚的なものだけでなくロジカルにとらえていくという意識の広がりや、キャラクターコミュニケーションに関する研究のさらなる深化のきっかけとなれば大変うれしく思います。

　　　　　　　　　　　　　　　　　　　山本達也・糸乘健太郎

企業キャラクターを
ソリューションへ

第 1 章

この章では、企業キャラクターの戦略的な開発・育成・運用を行っていくうえで、まず理解しておかなくてはいけない企業キャラクターの基本的な機能と期待される効果を紹介します。
そして、企業キャラクターはどのような目的をもって活用されるべきなのか、実際の開発・ソリューション事例もまじえて解説していきます。

1-1 企業キャラクターとは何か?

キャラクターという言葉の意味

　まずはじめに、あらためて本書の主題である「企業キャラクター」の定義づけをしておきます。キャラクターという言葉の意味は、大きく以下の2通りの説明がなされることが一般的です。

①人格・性格・個性
②漫画・アニメ・小説・映画などの登場人物

　日本ではキャラクターという言葉を聞いたときに、②をまず思い浮かべる人が多いのではないでしょうか。
　②の意味でのキャラクターは、漫画・アニメ・小説・映画に限らず、ゲーム・ネット・SNS・スポーツイベントなど、さまざまなメディアから生み出されるキャラクター、さらにはキャラクターグッズの販売を主目的に開発されるキャラクターなどその種類は実に多種多様です。

本書では②のキャラクターという大きなくくりの中でも、とくに「企業キャラクター」という存在にスポットを当てています（図1-1）。

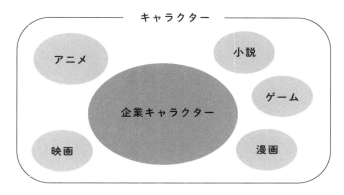

■ 図1-1　キャラクターと企業キャラクターの関係

企業キャラクターの定義

　企業キャラクターとは、**企業が世の中に対して伝えたいメッセージやブランドアイデンティティ、あるいは、自社の商品・サービスの特徴やセールスポイントを、キャラクターというかたちで視覚化、実体化したもの**を指します。

　企業が独自に開発と運用を行うところが大きなポイントで、企業や商品・サービスのシンボル、メッセンジャーとして、主に広告コミュニケーション活動や広報活動を目的に活用されます。

　このような役割を果たすキャラクターの呼称には、コーポレートキャラクター、イメージキャラクター、マスコットキャラク

ターなどいくつかありますが、筆者自身、広告コミュニケーションの実務や講演・セミナーなどにおいて長年用いてきたこともあり、本書では「企業キャラクター」という言葉で統一します。

既存キャラクターとの区別

企業の広告コミュニケーション活動においては、漫画やアニメなどに登場する著名な既存キャラクターや、サンリオに代表されるようにキャラクタービジネスを主目的としたキャラクターと広告使用契約を結び、広告キャンペーンに起用するケースも多く見られますが、本書ではそれらを「企業キャラクター」という定義には当てはめず、分けて考えます。企業の広告コミュニケーション活動を主目的にオリジナル開発されたキャラクターを「企業キャラクター」とよびます。

自治体や各種協会・団体のPRキャラクターにも

「企業キャラクター」は"企業"と称してはいますが、官公庁や自治体、各種の協会・団体が広報活動を目的として開発・運用するキャラクターも、キャラクターの開発・運用の過程において共通項が大変多いため、基本的には企業キャラクターと同質のものとしてとらえても問題ありません。本書でお話しする内容の大部分は参考にしていただけるでしょう。

1-2 企業キャラクターの目的

企業キャラクターの成功とは?

　企業キャラクターの成功とは何を指すのでしょうか？　アニメや漫画の著名キャラクターのように、世の中の誰もが知っている人気者にすることだと思われている方もいるかもしれません。

　実際、キャラクターの知名度の高さは、企業・商品サービスへの興味喚起や親近感、安心感の醸成につながりやすいので大切なことではあるのですが、一方で、知名度の側面だけで企業キャラクターをとらえることは、企業キャラクターコミュニケーションの本質を見誤ることになります。

　企業キャラクターにとってもっとも重要な目的は、企業が抱える課題の解決、ソリューションとなることです。

　たとえ世の中的にはそれほど有名でないキャラクターだったとしても、その企業がターゲットとする市場や顧客層に対しては認知度が高く的確に影響を及ぼしており、企業が抱える課題に対してソリューション機能を発揮していれば、そのキャラクターは成

功している、つまりその目的を果たしているといってもいいのです。

課題起点での開発・運用の必要性

　企業キャラクターをソリューション手段としたいのならば、いうまでもなく企業キャラクターの開発や運用は課題起点でなくてはいけません。
　どのようなキャラクターデザインや世界観を設計するのか、展開戦略を練るのか、すべては課題をもとに考えられるべきです。
　課題が明確であれば、そもそも企業キャラクターの開発ありきではなく、場合によっては課題に対するソリューションとして本当にキャラクターという手段がふさわしいのだろうか、たとえばタレント起用という手段もあるのではないか、というような議論が起こることも大いにありえるでしょう。

キャラクターをつくることが目的になっていないか？

　残念ながら世の中の企業キャラクターの中には、とにかくつくることが目的となって生み出されたキャラクターが大変多いように見受けられます。
　かわいらしいキャラクターさえつくれば必ず人気者になり、企業のコミュニケーション活動もきっと華々しいものになるに違い

ないという根拠のない前のめりな期待感は、日本人のキャラクターへの過度な愛着や信頼感、思い入れの深さの弊害ともいえるのかもしれません。

目的や存在理由が明確でない企業キャラクターは、使用する必然性がなく、その必要性がそもそもないため、徐々に広告やWEBサイトの空きスペースを埋めるだけの賑やかしであったり飾り的な扱いになっていくのはよくあることです。

結果、企業内のキャラクターに対するモチベーションは段々と低下し、使用頻度の減少や粗雑な扱いを招き、キャラクターの寿命は短くなってしまいます。

繰り返しになりますが、企業キャラクターのもっとも重要な目的は、企業が抱える課題のソリューションとなること。課題起点での戦略的なキャラクター開発と運用がなされなければ、企業キャラクターの成功は難しいものとなるでしょう。

1-3 企業キャラクターの3つの基本機能

　企業キャラクターをソリューション手段として戦略的に活用していくためには、まず、その基本的な機能と特性を知ることが重要です。企業キャラクターの3つの基本機能は次の通りです（図1-2）。

　①アイキャッチャーとしての機能
　②コミュニケーターとしての機能
　③インナーモチベーターとしての機能

■ 図1-2　企業キャラクターの3大機能

基本機能①
アイキャッチャーとしての機能

注目を集め即座に印象づける

　アイキャッチャーやアイキャッチという言葉は広告制作において、人の注意を引きつけたり興味を引くためのデザイン要素としてよく使われる用語です。

　広告やWEBサイト、商品パッケージなどにおけるアイキャッチャーとしては、写真やイラストレーション、ロゴタイプなどさまざまな視覚的要素が用いられますが、日本人の老若男女キャラクター好きという特性を活かし、企業キャラクターはそれらを超えるアテンションとスピードをもって好意とともに人々の目を引く効果が期待できます。

　シンプルなメッセージであれば、ポーズや表情のみで瞬間的に情報を伝えることも可能です（LINEのスタンプや絵文字を思い浮かべていただければわかりやすいでしょう）。

　注目を集め、即座に印象づける（図1-3）。企業キャラクターのもっとも基本的な機能です。

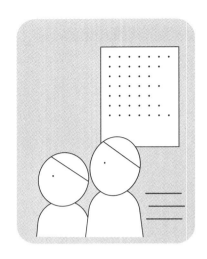 

■ 図1-3　注目を集め即座に印象づける

特定の企業や商品・サービスを想起させる

　また、企業キャラクターは特定の企業や商品・サービスを象徴する存在として開発されるため、一目見ただけでその企業を思い起こさせたり、商品・サービスを想起させるアイキャッチャーになりえるのも大きな特徴です。

　広告上でのそのような効果はもとより、たとえばキャラクターのぬいぐるみやキャラクターがデザインされたバッグなど、ノベルティとして配られた企業キャラクターグッズが街中で独り歩きしてくれるだけで、企業や商品・サービスを連想させるアイコンとなり、広告宣伝効果が得られるのです（図1-4）。

　アイキャッチャーとしては、著名なタレントや漫画・アニメな

どの既存キャラクターも強いアイキャッチ効果を発揮しうる存在ではあります。

　一方で、タレントや著名な既存キャラクターは複数の企業と同時に契約を結び、さまざまな商品の広告で露出をしているケースも多いため、特定の企業や商品・サービスとの唯一無二の一体感、強い結びつきは企業キャラクターならではの特性といえるでしょう。

■ 図1-4　特定の企業や商品・サービスを想起させるアイキャッチャーとして

アイキャッチパワーが一貫性をつくる

　注目を集めやすく、印象に残りやすいという企業キャラクターのアイキャッチャーとしてのパワーですが、実はいまの時代だからこそ、果たす役割がますます大きくなっています。

テレビ・ラジオ・新聞・雑誌の4マスメディアを中心としたかつての広告コミュニケーションと異なり、WEB・ソーシャルメディアをはじめとして、広告に使用されるメディアやコミュニケーション手法が複雑化、多様化し生活者とのコンタクトポイントが増大する現在。

　企業キャラクターを各コンタクトポイント共通の強い目印、複数メディアをつなぐアイキャッチャーとして活用することで、マス広告からデジタルメディア、商品の売り場まで一気通貫、一貫性をもったブランドイメージの醸成と全方位のコミュニケーション活動が行えるというメリットがあります（図1-5）。

多メディア時代のいまだからこそますます活躍のチャンス

　タレントや著名な既存キャラクターも強いアイキャッチパワーが期待できますが、一方で露出メディアごとに使用制限や表現の細かいチェック、媒体ごとに追加使用料の発生など、全メディアでの一気通貫した露出展開は、予算やスケジュールの制約上も簡単にはいかない実状があります。

　その点、企業キャラクターはあらゆるコンタクトポイントにおいて企業の意志でフットワークよくオペレーションをしやすいことや、さまざまな場やメディアに応じてキャラクター自体のデザインを柔軟にカスタマイズしたり、広告コミュニケーション表現を臨機応変に変化させられるなど自由度が高いという大きな利点をもっています。

このように、あらゆるメディアを縦横無尽に組みあわせた戦略を練ることができるのも企業キャラクターが増加し続けている大きな理由のひとつでしょう。

　キャラクターを使用した広告は昔からの伝統的な手法であり、使い古されたイメージをもつ人もいるかもしれませんが、多メディア時代のいまだからこそ、企業キャラクターの活躍チャンスはますます広がっているのです。

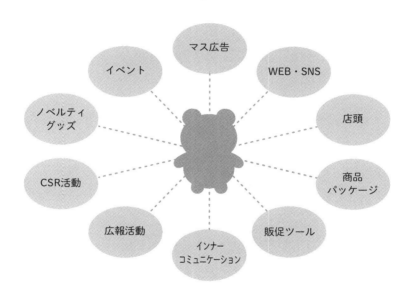

■ 図1-5　企業キャラクターの全方位コミュニケーション活用

1-5 基本機能②
コミュニケーターとしての機能

企業の代弁者としての側面

　コミュニケーターとは情報やメッセージを伝える存在を指します。受け手に興味や共感をもってもらうために、誰が情報を伝えるのかはとても重要な問題です。同じメッセージ内容であったとしても誰がいうかによって、相手からの受け取られ方やその情報効果は異なったものになることでしょう。

　広告宣伝メッセージは、ときとして生活者に押しつけがましい、うっとうしいと感じさせてしまうことも少なくありません。できるなら広告は見たくない、という人も少なからずいるはずです。その点において、キャラクターには、企業と生活者を円滑に結ぶ役割が大いに期待できます。

　筆者が関わった企業キャラクターに関する生活者インサイト調査の結果でも、「キャラクターを使用した企業・ブランドに対して抱くイメージ」としてもっとも多かったのは「親しみやすい」という回答でした。10代から50代以上のどの世代においても約半

数の人が同様の回答をしており、キャラクターが企業と生活者とのリレーション構築に大いに貢献しうることが確認できました。

キャラクターが企業の「代弁者」として生活者へ語りかければ、好意的に振り向いてもらいやすくなり、セールストークへの拒否反応を和らげることができます。「ちょっと聞いてみようかな」と生活者の心を動かすきっかけをキャラクターがつくってくれるのです。

企業の解説者としての側面

企業キャラクターは商品・サービスへの理解促進を担う優秀な「解説者」にもなりえます。生活者が自分ゴト化しにくい商品・サービスや、堅苦しく難解な専門用語を含んだメッセージも、キャラクターを介せば親しみをもった言葉や話法への変換が大変しやすくなります。

キャラクターが話すのであれば日常会話のような、時には多少くだけた口調で説明しても受け手にとって失礼な感じや違和感はないですし、不真面目な印象を与えることも避けられます。

生活者に抵抗を感じさせることなく、自然なかたちで難しい情報への理解のハードルを下げることができるのです。アニメーションや漫画を用いた説明によって、わかりにくい内容をやさしく感じさせることができるのも、キャラクターならではのコミュニケーション手法でしょう（図1-6）。

■ 図1-6　コミュニケーターとしての機能

難しいを、親しみやすく・わかりやすく

　たとえば保険などの金融商品は難しそう、面倒くさい、後回しにしたいと思った経験は誰にでもあると思います。各保険会社の広告コミュニケーションにおいてキャラクターが多用されているのも、保険商品の情報を親しみやすく感じてもらい、わかりやすく伝えることのできる企業キャラクターの特性への期待が大きいはずです。実例を挙げると、白いアヒルをデザインモチーフとしたアフラック生命保険のキャラクター「アフラックダック」は2000年に米国で誕生しました。アフラックダックを起用したテレビCMによって全米での社名知名度は約10％から90％以上へと大きく向上したといわれています。その後、アフラックダックは2003年より日本でも正式に起用され、いまではアフラックの顔として、CMをはじめとしたプロモーション活動で大活躍を果たしているのはご存じの通りです（アフラック生命保険 公式WEBサイトより）。

1-6 基本機能③ インナーモチベーターとしての機能

企業キャラクターを組織のチカラに

　企業キャラクターは広告コミュニケーション活動や広報活動をはじめとした外向けの活用効果だけでなく、自社従業員などインナー、内向きへもポジティブに作用するインナーモチベーターとしての効果も期待できます。

　企業キャラクターという従業員共通のシンボルへの愛着は、メンバーの意識の一体化や団結力の醸成に寄与し、従業員間、部門間の連携を強化促進。組織力の向上につながります。

　また、人はキャラクターに感情移入しやすいという特徴があります。自社のキャラクターを大切にしたくなる気持ちや、自社の愛すべきキャラクターをもっとさまざまな人に知ってもらいたい、人気者にしたいという想いは仕事へのモチベーションとなります。

　結果、企業キャラクターの使用が活発化し、広告コミュニケーション活動の量や質の向上、ひいては、企業や商品・サービスへ

の好影響など、企業キャラクターを原動力とした組織とビジネスの活性化が大いに期待できるのです（図1-7）。

　筆者の経験上でも、企業のソリューションとして長期にわたり効果的に機能し、世の中の認知や好感度も高い企業キャラクターは、どの企業も従業員がまるでわが子のように自社のキャラクターを大切に"育てる"感覚で企業キャラクターコミュニケーションに取り組んでいます。

■ 図1-7　インナーモチベーターとしての機能

インナーモチベーターとなるために

　一方で企業キャラクターのインナーモチベーターとしての効果には留意点があります。

　筆者が関わった企業キャラクターのケースでも、すべての従業員が当初から自社の企業キャラクターに強い愛着をもっていたわけではありませんでした。

　企業キャラクターを開発し、従業員にただお披露目しただけで社内のみんなが自動的に好きになってくれるかというと、残念ながらそうではありません。

　自社のキャラクターだからといって、一目見ただけで愛着が自然に湧いてくることはない、ということも企業キャラクターコミュニケーションにおいては念頭に置く必要があるでしょう。

　では、どのようにすれば従業員のキャラクターに対する愛着を醸成できるのか？　インナーモチベーターとして期待される機能を発揮してくれるようになるのか？

　インナーモチベーターに至るためのステップは第3章「3-16 インナーコミュニケーション」で詳しくお話しします。

1-7 企業キャラクターの得意と不得意

ソリューションとしてキャラクターが本当にふさわしいのか

　企業キャラクターは適切な活用によって、素晴らしい機能を発揮してくれますが、万能ではありません。

　筆者としても「何が何でも企業キャラクターをつくりましょう！」「企業キャラクターによるコミュニケーションをぜひ始めましょう！」と強引に勧めるつもりはありません。

　自社が抱える課題のソリューションとして本当にキャラクターという手段がふさわしいのだろうかと、冷静に立ち止まり検討を行うことは不可欠なプロセスです。しつこいようですが、企業キャラクターの開発と運用は、課題起点でなければならないからです。

タレント、既存キャラクター、企業キャラクターの特徴を比較する

　ここではソリューション手段として、「タレント」「既存キャラクター(漫画やアニメなど)」「企業キャラクター」を対比し、それぞれの得意と不得意、メリット・デメリットを次の5つの観点から考察します。

①即効性
②オリジナリティ
③コスト
④リスクコントロール
⑤自由度

　それぞれの観点における特徴をまとめたものを図1-8に示します。詳しくは次節より解説していきます。

	企業キャラクター	タレント	既存キャラクター
即効性	△ 中長期での育成が必要	◎ 知名度や好感度を活かせる	◎ 知名度や好感度を活かせる
オリジナリティ	○ その企業だけの唯一無二の存在	△ 他企業の広告にも起用の可能性	△ 他企業の広告にも起用の可能性
コスト	△ 中長期での継続運用コスト	△ 契約金等の高額なコスト	△ 契約金等の高額なコスト
リスクコントロール	○ スキャンダルの可能性は低い	△ 企業側でのコントロールが難しい	○ スキャンダルの可能性は低い
自由度	○ 企業の意思で臨機応変に活用可能	△ 契約や事務所側の意向による制限	△ 契約や権利者の意向による制限

■ 図1-8　企業キャラクター、タレント、既存キャラクターの特徴比較

1-8 比較① 即効性

**知名度をそのまま活用できる
タレント・既存キャラクター**

　タレント（各種著名人や有名スポーツ選手なども含む）や著名な既存キャラクターの起用メリットは、なんといってもそれらのもつ知名度や好感度を、そのまま企業や商品・サービスのよいイメージに結びつけることができ、さらに企業や商品・サービスへの関心も瞬間的に高められる点にあります。

　著名なタレントや人気のある既存キャラクターが宣伝してくれれば、商品・サービスへの安心感やメジャー感も短期間で醸成できるでしょう。ときには、タレントや著名な既存キャラクターの広告起用自体がニュースとなり、PR効果を生むこともあります。

中長期での育成が必要な企業キャラクター

　企業キャラクターはタレントや著名な既存キャラクターと異なり、世の中へ出たタイミングではまったくの無名の新人。注目度という点では及びません。

　キャラクターの飽和時代にあっては、企業キャラクターのお披露目だけではニュースになりにくく、プレスリリースや記者会見でのＰＲ効果も期待しにくいでしょう。

　知名度や好感度を上げ世の中への浸透を図るために、相応の手間と時間をかけなければいけないという点で、即座に大きな効果が期待できるタレントや既存キャラクターと異なり、企業キャラクターは中長期での戦略に基づき、じっくりと使いつづける忍耐が必要なコミュニケーション手段といえます。

比較②

オリジナリティ

ブランド資産となりえる企業キャラクター

　企業キャラクターは、その企業や商品・サービスのために生み出された唯一無二のオリジナルな存在であり、中長期的な活用をつづけることで、企業や商品・サービスの顔として貴重なブランド資産となりえる可能性があります。

　たとえば、白いタイヤのキャラクターデザインでおなじみのミシュランの企業キャラクター「ミシュランマン（フランスでは"ビバンダム"としてよく知られている）」は1898年に誕生しました。時代の変化とともにデザインはチューニングされながらも、実に125年以上もミシュランの象徴として世界中で愛されています。

　ちなみに、タイヤの色は通常は黒ですが、ミシュランマンが白い理由は、キャラクターが誕生した当時高級品であったタイヤは一つひとつ白い布や紙で包まれていたからだといわれているそうです（日本ミシュランタイヤ 公式WEBサイトより）。

　このようなエピソードからも大変昔からの存在が垣間見えるミ

シュランマンは、企業キャラクターの元祖といってもいいでしょう。企業キャラクターの中長期での活用の重要性やその明確な効果など、企業キャラクターの有用性をまさに身をもって示してくれている存在です。

企業キャラクターはブランドと不可分な存在へ

1950年に不二家の店頭人形としてデビューした「ペコちゃん」も70年以上にわたり老若男女から愛され続け、ペコちゃんといえば不二家、不二家といえばペコちゃんと誰もが連想する、ブランドと不可分の存在にまで昇華した企業キャラクターの理想形のような存在といえるでしょう。

ペコちゃんへの愛着や思い入れが、企業・商品への親近感、信頼感につながっていることは想像にかたくないと思います。

プロフィール上、ペコちゃんの年齢は「永遠の6歳」となっていますが、年月が経っても変わらずブランドの象徴として在り続けることのできる、継続性という点も企業キャラクターの強みとなります（不二家 公式WEBサイトより）。

企業キャラクターは、企業や商品・サービスとの結びつきの深さ、そしてより効果的な他社との差別化という点で、その企業だけが使える唯一無二の有効な手段となりえるのです。

オリジナリティでは企業キャラクターに分がある

　タレントや既存キャラクターは、有名になればなるほど皆が起用したい存在になるため、さまざまな企業との契約が増加し、同時期に複数社の広告で目にすることも少なくありません。

　前述のミシュランマンやペコちゃんの例などの企業キャラクターと比較すると、特定の企業や商品・サービスのためだけのオリジナルな象徴でいることは難しいといえるでしょう。

比較③ コスト

コストを点で考えるか、線で考えるか

　著名なタレントや既存キャラクターになればなるほど、広告契約料や広告出演料、販促グッズを作成した場合のロイヤリティなどのコストは大きな負担になります。

　一方、自社で開発を行ったキャラクターであれば、基本的には契約料などの高額なコストは回避することが可能です。

　ただし、瞬間的なコストメリットは企業キャラクターの方にあるかもしれませんが、企業キャラクターには中長期的な育成やオペレーションに関わるコストが継続的に発生するという点は大いに考慮する必要があります。

　開発さえすれば、後は費用もかからず自由に使えるということには当然なりません。

コストパフォーマンスという視点

　コストパフォーマンスという視点で見ると、タレントや既存キャラクターには、知名度や好感度というそれまで培ってきたパワーの裏づけがあるため、ある程度の確度で広告宣伝の効果が予測できます。

　また、最初から多くのファンを抱えているため、そのファン自体が有望な顧客になりえ、ファンを想定した高精度のターゲティングが行いやすいというメリットもあります。

　一方、企業キャラクターが効果を発揮するかどうかは、そのデザインや世界観はもとより企業側の運用次第ということもあり、その効果、パフォーマンスには未知数の部分も多くリスクを伴います。

　しかし、将来的に企業の貴重な資産となりえる大きな可能性も秘めているため、どちらが費用対効果が高いのかいい切るのは難しいところではあります。

比較④

リスクコントロール

コントロールのしやすい
企業キャラクター

　タレントを起用した広告は、タレントの好感度や、関連する噂やニュースに影響を受けやすく、タレントイメージの悪化は、その企業や商品・サービスにとって死活問題となります。

　とはいえタレントの行動を企業側が逐一コントロールすることも不可能です。

　その点、企業キャラクターと既存キャラクターはともにスキャンダルを起こすリスクは低く、とくに企業キャラクターは、企業側の裁量でコントロールが可能ですし、管理しやすい手段といえます。

"中の人"が抱えるリスク

　ただし、昨今はSNSなどのデジタル媒体を通じ、企業キャラクターがリアルタイムで情報を発信する機会も増えています。

　当然、情報の発信者は企業側の担当者、いわゆる"中の人"になるわけですが、その担当者自身の性格や信条、そのときのテンションや気分が投稿内容であったり文体に反映される可能性がある点は要注意です。

　個人的な想いや主張が好感をもって受け入れられればいいのですが、ときに反発を生み、その内容が広く拡散されてしまうこともありえます。

　"中の人"による炎上リスクはデジタル時代においては十二分に注意をする必要があります。

1-12 比較⑤ 自由度

ある程度の制約がある タレント・既存キャラクター

　タレントや既存キャラクターは広告契約で決められているメディアのみに使用が限られます。

　また、広告制作物には都度、タレント事務所やコンテンツホルダーの細かいチェックが入り、広告企画やキャンペーン内容そのものに対して注文が入ることも珍しくありません。企業側は自社のブランディングのためにタレントや著名な既存キャラクターを活用したいわけですが、タレントサイドは自身のイメージ・ブランディングも大切にしていく必要があるため、これらの制約は致し方ない部分もあるのです。

　そのため、企業側の都合だけで臨機応変に広告コミュニケーションを行うことは難しく、ある程度の制限の下での広告コミュニケーション活動を覚悟しなくてはいけないでしょう。

フットワークよく活用可能な
企業キャラクター

　一方、企業キャラクターはあらゆる媒体において企業の意思でフットワークよくタイムリーに活用しやすいことや、さまざまな場に応じてキャラクター自体のデザインを柔軟にカスタマイズしたり、広告表現を臨機応変に変化させられるなど自由度が高いというメリットを挙げることができます。

　販促物として多種多様なキャラクターグッズをラインアップできることも大きな魅力です。

　あらゆる媒体や施策を縦横無尽に組みあわせられる自由度の高さは、広告コミュニケーション戦略の大きな武器となるでしょう。

1-13 課題起点の企業キャラクター開発実例

Ponta（ポンタ）

共通ポイントサービス Pontaの事例から

　ここでは、企業キャラクターの特性を活かした課題起点の開発例として、筆者が実際に開発に携わった共通ポイントサービスPontaの企業キャラクター「Ponta（ポンタ）」の事例を紹介します。

　株式会社ロイヤリティ マーケティングが運営する共通ポイントサービスのPontaは2010年3月1日にサービスを開始し、その象徴となるキャラクター「Ponta（ポンタ）」も同時に世の中にデビューしました。

　現在、ポイントサービスの会員数は1億2,020万人（2024年12月末日）、提携店舗数は約31万店舗（2025年1月1日）にまで成長しましたが、共通ポイントサービスの立ち上げに際してはさまざまなコミュニケーション課題を抱えていました。

　大きな課題のひとつは、当時、先行してサービスを展開していた他のポイントサービスの存在に起因します。

　そのポイントサービスは日本中の誰もが目にしたことのある、

青と黄色の2色を基調にした大変印象の強いロゴマークをサービスの象徴としていたため、後発のポイントサービスであるPontaは、認知度を上げていくためにもそれに負けないアテンションパワーのある目印をもつことが重要課題でした。

加えて、Pontaは企業間の共通ポイントサービスという特性上、さまざまな業態、業種の店舗やWEBサイトなどが生活者との接点になり、必然的に生活者とのコンタクトポイントは膨大な数になります。

そのため、多岐にわたるコンタクトポイントを統合的に見せ、ひとつのサービスとして印象づけるためにも強い象徴が求められたのです（図1-9）。

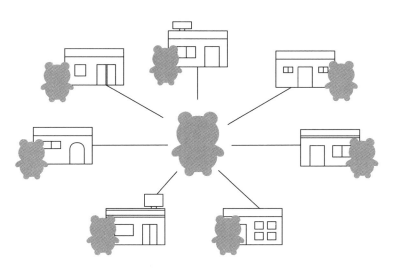

■ 図1-9　多岐にわたるコンタクトポイントを統合する必要性

Ponta（ポンタ）というソリューション

　これらの課題に対し、企業キャラクターのアイキャッチャーとしてのアテンションパワーは、提携社のもつ各コンタクトポイントにおいて強い存在感を示すと同時に、それら膨大なコンタクトポイントをつなぐ役割として非常に大きな効果が見込めます。

　加えて、各提携社がもつ露出媒体は場所も形態もさまざまですが、キャラクターであればどんな露出媒体においても自由度高くデザインや使用方法のカスタイマイズが可能です。さらに、契約期間が決められているタレントや既存キャラクターなどとは異なり半永久的にサービスの強い目印として運用できることも企業キャラクターならではのメリットです。

　また、老若男女おしなべてキャラクター好きという日本人の特性については前述しましたが、幅広い業種の提携社が参画し、あらゆる世代を顧客ターゲットとしているPontaのサービスコンセプトとキャラクターとの親和性も高いため、キャラクターがコミュニケーターとしてあらゆる世代にリーチし、好感を得ることも期待できました。

　このような判断から、企業キャラクター「Ponta（ポンタ）」の開発と、「キャラクター」をコミュニケーション活動の中心に据える戦略に至ったのです（図1-10）。

　結果として、キャラクターをサービスの象徴とすることは、先行する他のポイントサービスのクールなロゴデザインとの大きな

差別化にもつながりました。

■ 図1-10　キャラクター「Ponta（ポンタ）」

キャラクターを活かす展開の仕組み

「Ponta（ポンタ）」はさらなる課題解決のために、特別なコミュニケーションの仕組みを備えています。

ポイントサービスの活性化のためには、提携社の従業員や各店舗のスタッフから生活者に対して、ポイントサービスのプロモーションや勧誘など積極的なアプローチを行っていただく必要があります。

とはいえ、提携社はPontaというポイントサービスとあくまで"提携"している立場であり、自社発の独自サービスではないため、ポイントサービスを活性化してもらうためのモチベーションをどのように高めるかという課題は、サービスの成否に関わる重要な点としてとらえていました。

この課題へのソリューションアイデアは、「Ponta（ポンタ）」が提携各社のユニフォームを着たり、各社の業態を象徴するアイテムをもったりするなど、"変身"できるという着せ替え機能をもたせたことです。

　変身というギミックは、タヌキをデザインモチーフとしたキャラクターとの相性も申し分ありません（図1-11）。おそらく、企業や商品・サービスの唯一無二の象徴である企業キャラクターのデザインに、ここまで自由度の高いカスタマイズ性をもたせた例は、従来の企業キャラクターにはなかったのではないかと思います。

■ 図1-11　Ponta（ポンタ）の変身ソリューション

　この仕組みの開発によって、「Ponta（ポンタ）」というキャラクターはPontaというポイントサービス全体の象徴であると同時に、各提携社の方々には自社のキャラクターのような感覚で「Ponta（ポンタ）」をかわいがってもらい、愛してもらうことを狙ったのです（図1-12）。

■ 図1-12　サービス全体の象徴として、そして、自社のキャラクターとしても親しんでもらう

　まずはインナーサイドにキャラクターのファンになってもらうことは、企業キャラクターコミュニケーションの成功のためには非常に重要な要件です。

　自分たちの愛すべきキャラクター「Ponta(ポンタ)」をもっとさまざまな人に知ってもらいたいという想いは、キャラクター「Ponta(ポンタ)」の使用の活性化、つまりPontaというポイントサービスを世に知らしめるためのコミュニケーション量の増加につながります。

　また、自分たちのキャラクターとして大切にしたくなる気持ちは、キャラクターのクオリティの維持という点でも大きな効果を発揮します。

　実際「Ponta(ポンタ)」は、提携社の従業員の皆さんの「Ponta(ポンタ)」への愛着と活用への尽力をいただき、テレビCMをはじめとしたマスメディアでの露出よりも、消費者がポイントカー

ドを出す提携社の店頭や店内メディアでの使用を軸に、ノベルティとしての各種キャラクターグッズやさまざまなオウンドメディア、ソーシャルメディアを通じて積極的に活用されてきました。

　ロイヤリティ マーケティング社の最新の調査結果でも、Ponta（ポンタ）のキャラクター認知率（キャラクターの名前と姿が一致している割合）は74.5％と企業キャラクターとしては大変高い数値となっており、Ponta（ポンタ）の順調な成長が確認できます（Pontaブランド定量調査（実施期間：2024年9月27日～9月30日））。

　以上のように、キャラクターデザインに留まらず、キャラクターを起用してそれをどう展開させていくのか。ソリューションとなるコミュニケーション構造までも含めた企業キャラクター開発の事例として、「Ponta（ポンタ）」誕生の経緯をぜひ参考にしていただければと思います。

1-14 企業キャラクターのIPビジネス展開

IPビジネスとは何か？

　IPとは、知的財産を英語で表す「Intellectual Property」の略で、アニメや漫画、ゲーム、書籍、映画などのコンテンツと、そこに登場するキャラクターはもっともイメージのしやすいIPの代表格ではないでしょうか。もちろん企業キャラクターも人間の知的活動によって生み出された創作物のひとつなのでIPに含まれます。

　IPビジネスとは自らが保有するIPの使用を他者に許諾し、その使用対価としてライセンス料などの収益を得るビジネスモデルです。IPの保有者（使用許諾者）を「ライセンサー」、IPの使用許諾を受ける側を「ライセンシー」とよび、その一連の契約を「ライセンス契約」とよびます（図1-13）。

■ 図1-13　ライセンス契約のイメージ

　キャラクターによるIPビジネスのわかりやすい例としては、キャラクターのIP保有者であるライセンサーが、IPの使用を希望するライセンシー（たとえば雑貨メーカー・アパレルメーカー・玩具メーカー・食品メーカー・小売業者など）に対して使用許諾を行い、ライセンシーはキャラクターグッズ（ぬいぐるみ・文具・Tシャツ・おもちゃ・お菓子など）の商品化とその販売を行うというビジネスモデルがイメージしやすいでしょう（図1-14）。

■ 図1-14　キャラクターのIPビジネスの例

　一般的には漫画やアニメなどのキャラクターが、このビジネスモデルを展開するIPとして思い浮かびやすいかと思いますが、著名な企業キャラクターにおいてもこのようなIPビジネスの展開例は珍しくはなく、ここではその期待される効果や注意点を述べていきます。

1-15 IPビジネス展開の3つの効果

　企業キャラクターによるIPビジネス展開の効果を次の3つの点から見ていきます。

①広告プロモーション効果
②インナーのモチベーションアップ
③副次的な収益の確保

企業キャラクターによるIPビジネス展開の効果①
広告プロモーション効果

　IPビジネス展開によってライセンスされた企業キャラクターグッズが世の中に出回ることになるため、通常の広告コミュニケーション活動以外の場で、さらなる企業キャラクターの露出機会の増大が期待できます。

　たとえばクレーンゲームの景品やカプセルトイとしてゲームセンターで、絵本として書店で、スーパーの雑貨売り場で、生活者とのコンタクトポイントが拡大するのです。

また、販売されたキャラクターグッズへの接触をきっかけに、その企業キャラクターを開発した企業が本業として取り組んでいる事業や商品・サービスへの興味喚起にもつながる可能性があります。

　グッズ購入者がキャラクターグッズを身に着けもち歩くことで、周りに対して自動的に広告プロモーション効果を発揮してくれることもあるでしょう。

> 企業キャラクターによるIPビジネス展開の効果②
> ## インナーのモチベーションアップ

　2D上のイラストであった企業キャラクターが、ぬいぐるみなど立体物のグッズとして手に取れるようになることは大変うれしいものです。

　企業キャラクターのインナーモチベーターとしての機能にはすでにふれましたが（第3章も参照）、従業員のキャラクターへの愛着を深めることにキャラクターグッズは重要な効果を発揮してくれます。

　加えて、自分たちの会社のキャラクターが世の中でより多くの人に知られる有名な存在になったと、自社のキャラクターにメジャー感や誇らしさを感じることは、インナーのキャラクター活用モチベーションをさらに増大させることにもつながります。

企業キャラクターによるIPビジネス展開の効果③
副次的な収益の確保

　企業の本業とは別に、IPビジネスを行うことによってライセンス料による収益を見込むこともできます。ただし、企業キャラクターのIPビジネスを、本業の収益に寄与するまでに成長させるのには大変な労力と体制が求められます。

　各ライセンシーとの契約内容の細かい交渉や、商品化されたキャラクターグッズのクオリティチェック、ときには権利を無視した海賊版グッズへの対応など、IPの管理には大きな手間がかかることも事実です。

　そのため、ライセンス専門のエージェンシーや広告会社などをライセンシーとの交渉の窓口とし、ライセンスの管理や営業を委託するケースもあります。

　現実的には、企業キャラクターのIPビジネス展開の主目的としては、ライセンスビジネスによる収益確保というよりも、まずは、本業の広告コミュニケーションの補完として、広告プロモーション効果を高めるための施策のひとつとしてとらえるのがよいでしょう。

IPビジネスを
はじめるために

まずは本業での存在感を高める

　ここまでの説明で、企業キャラクターのIPビジネス展開はメリットが多そうなので、すぐにでもはじめてみたいと思われたかもしれません。

　しかし、認知度の低い企業キャラクターに対してライセンシーが名乗りを上げることは稀なため、すべての企業キャラクターが即座にIPビジネスを行えるというわけではありません。

　有名でないとキャラクターグッズが売れ残る可能性が高いため、漫画やアニメなどの著名な既存キャラクターとライセンス契約を結びキャラクターグッズを販売した方がよっぽど勝算が高く、グッズの在庫リスクを負ってまでわざわざ企業キャラクターとのライセンス契約を結ぶことはないのです。

　企業キャラクターがIPビジネスの対象となるには、本業の広告コミュニケーション活動を通じ、キャラクターの認知度・好感度を上げ、話題化していく必要があります。

その点で、テレビCMでの大量露出がある企業キャラクターや、ネット、SNS上で特別な話題性をつくりだした企業キャラクターは、ライセンシーから商品化などのオファーを受けやすく、IPビジネスという選択肢をもてる可能性が高いといえます。

企業キャラクターを開発する

第 2 章

かわいらしいデザインや楽しいストーリーは、愛されるキャラクターの大切な要素ですが、企業キャラクターはそのかわいらしさ、楽しさが企業のブランディングやソリューションにつながるものでなければいけません。
生活者に愛され、かつ、企業が抱える課題のソリューションとして機能するキャラクターは、どのように開発していくべきなのか。この章では企業キャラクターの具体的な開発プロセスと手法を解説していきます。
なお、本書では企業キャラクターを生み出すことを、キャラクター制作やキャラクターづくりではなく、あえて「開発」とよんでいます。
企業キャラクターは、単にデザイン制作作業に留まるものではなく、確固たる戦略をもとにデザインから世界観、展開の仕組みまで複合的な要素をもって生み出し活用するもの、という意図をよりイメージしやすくするためです。

2-1 企業キャラクターの開発プロセス

企業キャラクターの開発には大きく次の3つのプロセスが存在します（図2-1）。

① 課題の設定
② デザイン開発／ネーミング／世界観開発
③ スタイルガイド開発

■ 図2-1　3つの開発プロセス

課題の設定

すべては課題起点

　すべての企業キャラクター開発の起点は"企業が抱える課題"です。第1章で述べましたが、企業キャラクターのもっとも重要な目的は企業が抱える課題のソリューション手段となること。

　企業キャラクターは課題があるからこそ、その存在意義がある、といっても過言ではありません。

　具体的な開発プロセスにおいて、課題はキャラクターデザインやネーミング、キャラクターの世界観を考えるうえでの重要な手がかり、指針になります。

　共通ポイントサービスPontaの企業キャラクター「Ponta(ポンタ)」がポイントサービスの提携社ごとに変身するデザインギミックも、ただチャーミングな仕掛けだから、賑やかになっておもしろいからということではなく、明確な課題があったからこそのソリューションアイデアであり、キャラクター展開の仕組みであることは第1章で説明した通りです。

2-3 課題起点の企業キャラクター開発実例

ナナナ

テレビ東京「ナナナ」の事例から

　課題起点の開発例として、筆者が開発に携わった株式会社テレビ東京の企業キャラクター「ナナナ」を挙げます（図2-2）。

　ナナナが世の中にデビューした2013年当時は、かつてのアナログ放送時のテレビ東京＝12チャンネルという印象がまだ世の中に根強く残っており、地上波デジタル放送開始後に変わった「テレビ東京＝7チャンネル」をより強く浸透させることも課題のひとつでした。

　デザインモチーフとしてバナナを採用した理由は7チャンネルの「ナナ」という言葉からの連想です（加えて、他のキー局のキャラクターがすべて動物モチーフの中、食べ物をモチーフとすることでの他局との差別化や、「なぜバナナ!?」という突っ込みどころなどが、テレビ東京ならではのユニークさやマイウェイ感とマッチするのではというねらいもありました）。

■ 図2-2　ナナナ

ナナナのソリューションデザイン

　ナナナのデザイン上の大きな特徴として、直立したナナナの体が直角に曲がり、算用数字の「7」の形状に変形するというデザインギミックがあります（図2-3）。

　この独特のギミックですが、開発に際して「テレビ東京＝7チャンネル」の浸透という明快な課題があり、そこを開発のコアとしてぶらさなかったからこそ、7チャンネルを強烈に印象づけ、かつキャラクターの個性につながるソリューションアイデアが生まれたと考えています。

　もし課題へのソリューション意識が薄かったなら「バナナにかわいらしい顔と手足をつけたキャラクターをデザインしました」というところで思考は止まってしまい、さらに考えを巡らせ、バナナが直角に曲がり7となるソリューションアイデアにまでは至らなかったかもしれません。

課題への意識をとことん突き詰めた先にソリューションとしての企業キャラクターが生まれる、と筆者は信じています。

中継車と60周年ナナナ

■ 図2-3　直角に曲がるナナナ

2-4 デザイン開発／ネーミング／世界観開発

　課題を起点に具体的な開発作業が始まりますが、デザイン／ネーミング／世界観の実際の開発現場では、デザインから始まるケース、ネーミングをきっかけにキャラクターデザインが生まれるケース、デザインとネーミングが同時に進むケースなど、開発工程が前後することは少なくありません。

　重要なことはその順序ではなく、デザイン／ネーミング／世界観のそれぞれの開発要素が企業のブランディングに寄与し、企業が抱える課題の解決に資するものであるかという点です。

　以下の各開発要素の要件やチェックポイントを中心に開発プロセスの解説を行っていきます。

・デザイン開発
・ネーミング
・世界観開発

デザイン開発

デザインが満たすべき5つの要件

　企業キャラクターのデザイン開発にあたって、キャラクターの造形、デザインが満たしておくべき5つの要件を挙げます (図2-4)。

① 象徴性
② 独自性
③ 視認性・識別性
④ 汎用性
⑤ 倫理性・文化的配慮

　そのデザインが企業キャラクターとして機能しうるものかどうかの基礎的なチェックポイントとして活用してください。

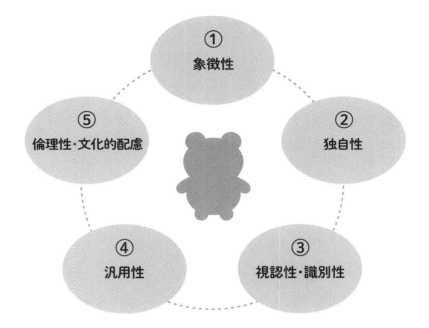

■ 図2-4　企業キャラクターのデザイン開発5つの要件

デザイン開発のそれぞれの要件を詳しく見ていきましょう。

デザイン開発の要件①

象徴性

象徴性とは何か？

　企業キャラクターが特定の企業や商品・サービスを想起しやすい見た目である場合、それは、"象徴性のあるデザイン"ということができます。

　企業キャラクターをブランドの顔、象徴として活用するためには、ブランドアイデンティティ（顧客にもってもらいたい企業や商品・サービスのイメージ）を体現したデザインである必要があります。

　そのため、キャラクターのモチーフや色、形状などを検討していくにあたって、まずは下記のような企業や商品・サービスがもつ諸要素の中で、何を、どのようにキャラクターに反映させていくかが、デザインの足がかりになるでしょう。

　・企業理念／企業が伝えたい想いやメッセージ
　・商品やサービスのコンセプト
　・企業の業種や業態

- 企業名や商品・サービス名称
- 企業ロゴや商品・サービスのロゴデザイン
- ブランドのキーカラーや商品の色
- 商品サービスの機能や特徴、形状

象徴性の例

いくつか例を挙げれば、Ponta(ポンタ) のデザインモチーフがタヌキであり、ボディカラーがオレンジな理由は、共通ポイントサービス「Ponta」のサービス名称とブランドのキーカラーを象徴的に表現した結果です (図2-5)。

■ 図2-5　象徴性の表現例

ほかにも、CMでもおなじみの、ゼスプリ インターナショナル ジャパンの企業キャラクター「キウイブラザーズ」やHaleonジャ

パンのかぜ薬CONTACの企業キャラクター「Mr.CONTAC」は、まさしく商品の形状自体がキャラクターデザイン化されています。

また、ダイキン工業の企業キャラクター「ぴちょんくん」は、湿度のコントロールを得意とするダイキン工業のエアコンの商品機能を強く印象づけるために、うるおいや湿気の象徴として、水玉がデザインモチーフになっていると考えられます。

象徴性を付加するうえでの注意点

象徴性をもたせたキャラクターデザインを行ううえで、ブランドを象徴する要素を欲張って入れすぎることは避けるべきです。

あれもこれも詰め込んだ幕ノ内弁当のようなデザインでは、結局、何を伝えたいのかが曖昧になってしまう恐れがあります（図2-6）。象徴的な要素を付加し過ぎることで、逆にキャラクターは象徴的でなくなってしまうわけです。

"ワンビジュアル・ワンメッセージ"は昔から広告表現の基本とされてきましたが、いいたいことを極力絞ることで、記憶に残りやすくメッセージ力も強まるという点はキャラクターデザインであっても同じなのです。

■ 図2-6　要素を欲張って入れすぎないように注意する

デザイン開発の要件②

独自性

独自性とは何か？

独自性があるデザインとは、そのキャラクターが他とは異なる特徴や個性をもっていることを指します。

キャラクターにとって、"かわいい"見た目は好感度を高める大きな要素になりえますが、かわいらしいキャラクターがあふれているいまの世の中では、それだけでは他のキャラクターとの差別化は難しく、ターゲットの興味関心を得るのも至難の業です。"かわいい"はキャラクターの基本要素であって差別化要素ではないという意識が必要でしょう（図2-7）。

■ 図2-7　かわいいだけでは差別化要素にはならない

企業キャラクターは似かよいがち

　企業キャラクターのデザインモチーフには人気のある愛らしい動物が選ばれがちです。同じデザインモチーフを採用すれば、結果的にベースのデザインは似かよいがちであり、新しくデビューしたキャラクターにはどうしても既視感が伴ってしまいます。

　そのため、企業キャラクターのデザインには、他社のキャラクターとの明確な差別化要素やターゲットを振り向かせるためのなぜか気になってしまうポイントなど、オリジナリティの付加が重要になってきます。

　テレビ東京の企業キャラクター「ナナナ」の例を再び挙げると、果物のバナナに顔と手足をデザインしたキャラクターはおそらく

いままでにも存在したはずです。

　そこで、ナナナをナナナたらしめている独自性のひとつがバナナが直角に曲がるといういままでに見たことのない違和感のある動きです。

　加えて、そのデザイン自体がテレビ東京（7チャンネル）を象徴し、企業が抱える課題のソリューションアイデアにもなっている点は前述の通りです。

　なお、独自性はキャラクターの世界観やコミュニケーション展開などからも醸し出される部分も多いため、デザイン面だけでなく複合的に考えながら開発を進めていく必要があります。

デザイン開発の要件③
視認性・識別性

視認性・識別性とは何か？

　さまざまな視覚情報が混在する中で、ぱっと見た瞬間の認識のしやすさが視認性であり、ほかの要素との区別のしやすさが識別性です。企業キャラクターは見やすく・目立ちやすく、さまざまな環境の中で埋もれることのないアイコンとして機能する必要があります。視認性や識別性という観点において、「シンプルさ」を大切なデザインポイントとして意識しましょう。

　たとえば、即時的、直感的に必要な情報を伝えることのできるピクトグラムをイメージしていただければわかりやすいと思いますが、形状の単純化によって、目に飛び込みやすく、記憶に残りやすいデザインにしていく手法は企業キャラクターにも活かされるべきです（図2-8）。また、企業キャラクターは広告コミュニケーションにおいて、さまざまなメディアで使われますが、昨今はスマートフォンなどのそれほど画面サイズの大きくない媒体も大変重要なコンタクトポイントとなります。

媒体特性上、キャラクターのサイズを小さくせざるをえない環境では、複雑なデザインの場合、細かい要素がつぶれてしまい、キャラクターを認識しにくくなってしまう可能性があります。一方、シンプルなデザインであれば、縮小されてデザイン要素がつぶれてしまうことも避けられ、より優れた視認性や識別性を発揮してくれるでしょう（図2-9）。

■ 図2-8　ピクトグラムの例

■ 図2-9　スマホ画面の中では複雑なデザインはつぶれてしまう

デザイン開発の要件④

汎用性

汎用性とは何か？

　汎用性とは、あるひとつのものが幅広くさまざまな用途で活用できることを指します。企業キャラクターは平面上の広告販促物だけでなく、テレビCMやWEB動画、着ぐるみやキャラクターグッズなどの立体的な使用など、さまざまな用途での展開が求められます。

　そのため、静止画から動画、2Dから3Dというような変化でもキャラクターのイメージが変わることなく、そして、生活者が愛着を抱いているキャラクターの印象を損なうことなく、変化に柔軟に対応できるデザインである必要があります。

　とくに着ぐるみやぬいぐるみをはじめとしたキャラクターグッズはキャラクターのファン化を促進するキーアイテムとなるため、立体になることを見越したデザインへの意識は大切です。

　複雑な線や面で構成された形状、ボディへ過剰な装飾を施したりキャラクターにさまざまな付属物をもたせたりすることは、立

体物の作成をはじめ使用場面に応じたデザイン変化を難しくする恐れがあるため、企業キャラクターのデザインにおいては極力避けるべきです。

引き算のデザインが効果的

　視認性・識別性の項目でもふれましたが、汎用性の面でもキャラクターのデザインをなるべくシンプルにしていく、足し算でなく引き算のデザインは企業キャラクターコミュニケーション上、有利に働きます。

　たとえば、東日本旅客鉄道の企業キャラクター「Suicaのペンギン」は、Suicaの券面やアプリ、各種広告コミュニケーション、キャラクターライセンスも含めた多種多様なキャラクターグッズまで、すべての使用場面でデザインのトーン＆マナーを統一しながら幅広い展開を行っています。

　キャラクターのイメージを変えることなく、あらゆるメディアやツールでの展開に対応し、かつ、サービスを象徴する強いアイコンとして機能しているのも、「Suicaのペンギン」がシンプルな要素で構成されたキャラクターデザインであるからこそといえるのではないでしょうか。

2-10 デザイン開発の要件⑤
倫理性・文化的配慮

倫理性・文化的配慮とは何か？

　企業キャラクターは企業や商品・サービスと一体になる存在のため、企業キャラクターへのネガティブな反応は、ブランドのレピュテーションリスク（企業や商品・サービスの評判、信用の低下を招くリスク）につながります。

　キャラクターデザインに留まらず、その世界観やコンテンツに至るまで、モラルや企業倫理に反していないかどうかの倫理性のチェックは不可欠です。昨今では、DEI（ダイバーシティ・エクイティ＆インクルージョン）の観点からの検討も必要となってくるでしょう。

色やモチーフへの配慮

　ビジネスがグローバル化する現在、キャラクターを使用する国や地域の文化的、社会的背景への配慮も大切です。たとえば、

キャラクターの色を考えるうえで、日本では縁起のよいとされる色が、他の文化圏ではまったく逆のイメージをもたれていることもあるので注意が必要です。

　動物をモチーフにしたキャラクターをつくる場合には、その国・地域で宗教的、文化的にその動物がどのようにとらえられているかを考慮しなくてはいけません。日本では、キャラクターのデザインモチーフとして好まれている動物が、ある国では宗教上好ましくない動物とされていることなどもあるからです。

2-11 企業キャラクターのデザイン開発実例

Ponta(ポンタ)

企業キャラクターのデザイン開発の実例として、共通ポイントサービスPontaの企業キャラクター「Ponta(ポンタ)」のデザインが生まれるまでの制作過程を紹介します(図2-10)。

■ 図2-10　Ponta(ポンタ)

象徴性をもった
デザインモチーフを探る

Ponta(ポンタ)がタヌキをデザインモチーフとした理由は、共通ポイントサービス名称「Ponta」からの発想です(サービス名称

「Ponta」は、ポイントがポンポンたまる様子と、このポイントを中心に生活者と提携企業が集まる様子を表したサービスコンセプト「Point Terminal」が由来)。

　Pontaという響きからは、日本の多くの人が、お腹をポンポン鳴らすタヌキをイメージするでしょうから、Pontaを象徴するキャラクターとして、タヌキ以上に最適なモチーフはないという判断の下、開発がスタートしました（図2-11）。

■ 図2-11　"ポンタ"という音の響きからタヌキを連想

　当時、タヌキをモチーフとした定番の企業キャラクターがまだ世の中に存在せず、他の企業キャラクターとの差別化という点での優位性も、タヌキの採用に至った理由のひとつです。

デザインモチーフの"らしさ"を取り入れる

　Ponta(ポンタ)の例ではタヌキという動物をデザインモチーフとして採用しましたが、デザインモチーフの選定において、そのモチーフ（Ponta(ポンタ)の例でいえばタヌキ）にもともと備わっている"かわいらしさ"や"愛らしさ"は、キャラクターへの好意形成を助けてくれる大きな要素になります。

　加えて、人は"知っているもの"には安心感を抱きやすいものです。動物のように多くの人がよく知っている存在がモチーフであれば、デビューしたてのキャラクターであっても親近感を抱きやすく、"得体の知れないもの感"の払しょくが期待できます。

　動物がキャラクターのデザインモチーフに選ばれやすいのは、キャラクターへの好意形成や親近感の醸成のしやすさも理由のひとつでしょう。

　このようにキャラクターデザインにおいて、デザインモチーフがもともともっている"らしさ"（Ponta(ポンタ)でいえば"タヌキらしさ"・タヌキのもつ"愛らしさ"）の要素を取り入れるのは大いに結構ですが、一方でデザインモチーフ自体の造形をなぞりすぎて、オリジナリティのない、どこかで見たことのあるキャラクターにならないように気をつけなくてはなりません。

タヌキらしさと、Ponta(ポンタ)らしさを探る

　Ponta(ポンタ)のケースでは、まず、"タヌキらしさ"を表現する要素として、「膨らんだお腹」と「目のまわりのくま」をベースデザインとして取り入れました（図2-12）。

　次にPonta(ポンタ)ならではの独自性として、本来のタヌキでは目のまわりのくまの色は黒いのですが、この部分をあえて白くすることでデザイン的な特徴を出すと同時に、「Ponta」のブランドロゴマークである「∞」の形状を想起させるようなデザインとしています（∞はポイントが行き来し、集まる「Point Terminal」のサービスコンセプトと、サービスが世の中に無限に広がっていく様子を表している）。

　これらの工夫によりオリジナリティの醸成とブランドの象徴性を高める効果を狙っています。

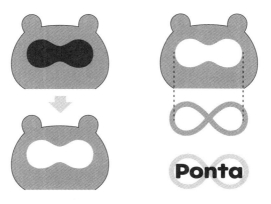

■ 図2-12　Ponta(ポンタ)の象徴性と独自性を表す目のまわりのくま

デザインに"隙"をつくる

　キャラクターに、より強いオリジナリティを付加するためにはターゲットに振り向いてもらうためのトゲ・フックとなる、そのキャラクターならではの気になるポイント、興味共感の醸成要素を必ずデザインに入れ込む必要があります。

　この点において、筆者は、ただかわいいだけでなく、どこか"隙"があるキャラクターの方が興味共感を醸成しやすくなる場合が多いと考えています。

　人間に置き換えると、完璧な人間よりもどこかとぼけていたり、抜けた部分のある人の方が親しみやすいことがあるのと同じかもしれません。

　Ponta(ポンタ)の場合はそのような要素のひとつが、"おへそ"を強調している点です。おへそは人間の世界では隠すものというイメージが強いですし、大きなおへそは時にネガティブにとらえられることもあるかもしれませんが、イラストになった途端にチャーミングな特徴に見えます。

　Ponta(ポンタ)は全体としてはかわいい見た目なのですが、おへそを強調することでただかわいらしいだけでなく、ちょっとツッコミどころがある抜けをもったキャラクターになっています(図2-13)。

■ 図2-13　おへそをいじるPonta（ポンタ）

　また、表情デザインにおいても、明るく元気だけど少しとぼけた部分もあるキャラクター性を表現するために、目は比較的大きめに、口はいつも笑顔でなく、たまにとぼけた拍子抜けするような表情設定を行っています（図2-14）。

　同じように、たとえば熊本県のPRキャラクター「くまモン」も、正統派のかわいらしさを前面に押し出すのではなく、少しとぼけた、抜けた表情によって"隙"をつくることで、世の中に多くのクマをモチーフにしたキャラクターがいる中、くまモンだけがもつ個性と親近感の強い醸成につながっているのではないでしょうか。

■ 図2-14　Ponta（ポンタ）の表情バリエーション

機能的で愛されるシルエットを探る

　Ponta（ポンタ）の全体的なシルエットは共通ポイントサービス「Ponta」がサービス特性上、幅広い世代をターゲットとしているため、万人に愛されやすい丸みと等身を強く意識しています。
　「丸み」「やわらかな曲線」をベースにしたシルエットは親しみや優しさ、癒やしや包容力を感じさせやすく、「2〜3頭身」の頭部の比率が大きな造形は、赤ちゃんや幼児を連想させやすいため愛着を醸成しやすいという特徴があります。
　形状が人に与える印象には、たとえば四角は安定、安心や信頼、堅固、三角はシャープな印象や先進性、成長性を感じさせやすいというように、企業・商品サービスが与えたいイメージも考慮してキャラクターの形に反映していく視点も大切です。
　もうひとつのポイントとしては、余分なものをそぎ落とし、誰にでもマネをして描いてもらえるくらいのシンプルさを追求した

ということです。

　Ponta（ポンタ）のアウトラインは一筆書きで表現できるようになっています。Ponta（ポンタ）はポイントサービスの各提携社のシンボルとしてさまざまな制服を着たり、物をもったりする必要があったため、デザインは複雑化しないように、もとになる造形が極力シンプルであることが求められたのです（図2-15）。

　もちろん、シンプルさを意識したのは前述したように「視認性・識別性」や「汎用性」などの機能性を高めるためでもあります。

　いまではさまざまなPontaポイント提携社版のPonta（ポンタ）や、オリックス・バファローズの「バファローズ☆ポンタ」、名古屋グランパスエイトの「グランパスポンタ」に変身したりとさまざまなPonta（ポンタ）が誕生していますが、多種多様に変化したPonta（ポンタ）を目の前にしてもオリジナルのPonta（ポンタ）を瞬間的に想起、認識できるのは、Ponta（ポンタ）の基本デザインが極力シンプルな造形でできているからだと考えています（図2-16）。

Ponta(ポンタ)のフォルムや表情など完成に至るまでの検証の一部

バランスの検証の一部　　　　タッチの検証の一部

■ 図2-15　Ponta(ポンタ)のフォルムや表情など完成に至るまでの検証

©Ponta、©ORIX Buffaloes

©N.G.E. ©Ponta

■ 図2-16　バファローズ☆ポンタとグランパスポンタ

ブランドの象徴となるカラーリングを探る

　色は視覚情報の中でも人に与える影響が大変に強い要素です。Ponta（ポンタ）は提携社の店頭で共通ポイントサービスPontaの象徴、目印となってもらうことを期待しています。

　そのため、必然的にPonta（ポンタ）のボディカラーは、ロゴデザインにも使われているブランドのキーカラー「オレンジ」を採用し、ブランドとキャラクターの相関性の高まりを狙いました。

　また配色に関して、Ponta（ポンタ）はさまざまな提携社の制服を着るという戦略的な仕掛けもあるため、Ponta（ポンタ）のシルエットを極力シンプルにしていった理由と同じく、ベースとなるボディカラーは複数の色を用いず最小限に、あえてシンプルにオレンジの単色としています。

　これにより視覚的な情報が複雑化することなく、加えて、後に着る提携社の制服のカラーが引き立つと考えたためです。

ブランドのキーカラーを、キャラクターのボディカラー全体、もしくは一部分に取り入れることは、企業や商品・サービスの象徴である企業キャラクターのカラーリングではよく見られる手法ですが、色の検討時には、その色が人にどのような印象をもたらすのか心理的な効果の観点での検証も必要です。

　ある色を見たときに特定のイメージを思い浮かべることを"色の連想"とよびますが、Ponta（ポンタ）のボディカラーであるオレンジは、暖かい、陽気、楽しい、喜びといった印象を人に与えるため、共通ポイントサービス「Ponta」のブランドが目指すイメージやPonta（ポンタ）が構築したいキャラクターの世界観とも合致しました（図2-17）。

　その企業・商品サービスが伝えたいイメージにキャラクターの色味をあわせていくことも非常に大事なポイントです。

　加えて、他社のポイントサービスのキーカラーがブルーであったため、その補色関係に近いオレンジは対比が強く出る色でもあり差別化にも適していました。

　このように、より効果的な企業キャラクターのカラーリングを考えるうえでは、ライバルとなる企業や商品・サービスのブランドカラーやキャラクターのキーカラーも検証するべきでしょう。

色	連想させるイメージ
赤	熱い・情熱的・危険 など
オレンジ	暖かい・陽気・楽しい など
黄色	明るい・目立つ・注意 など
緑	若々しい・さわやか・安全 など
青	さわやか・澄んだ・静か など
紫	高貴な・大人っぽい・おしゃれ など
ピンク	柔らかい・甘い・かわいい など
茶色	落ち着いた・地味な・大人っぽい など
白	純粋・清潔・軽い など
灰色	大人っぽい・おしゃれ・上品 など
黒	重い・シック・高級 など

(公益社団法人色彩検定協会 色彩検定公式テキストより)

■ 図2-17　色が連想させるイメージ

2-12 ネーミング

企業や商品・サービスとの相関性

　企業キャラクターのネーミングは、企業名、商品・サービス名からの発想や商品・サービスの特徴、形状からの発想など、多くの場合、企業や商品・サービスとの相関性を意識しながら検討されていきます。

　企業キャラクターが企業や商品・サービスの象徴である限り、そのネーミングに何らかの企業色や宣伝色が現れることは必然ともいえますが、その際に、宣伝色とキャラクター名としての親しみやすさのバランスはぜひ考慮したいポイントです。

　キャラクター名に宣伝色をどこまで入れるのか、宣伝色の濃度の検討といってもいいかもしれません。

　このような観点において、ネーミングを検討するうえでの参考になるように、企業キャラクターのネーミングを大きく2種類に分け以下のように例示を行いました。

①「企業名・商品サービス名」と「企業キャラクター名」が同一、あるいは近い（連想しやすい）ケース
②「企業名・商品サービス名」と「企業キャラクター名」が異なるケース

①「企業名・商品サービス名」と「企業キャラクター名」が同一、あるいは近い（連想しやすい）ケース

　キャラクター名と企業名・商品サービス名の相関性が高いため、キャラクター名の認知を高めることが、企業や商品・サービスのブランド想起につながりやすいパターンです（図2-18）。

　ただし、企業名や商品サービス名をそのまま前面に押し出すことで宣伝色が出すぎ、興ざめしてしまう生活者もいるかもしれません。

　また、企業名や商品サービス名をそのままキャラクター名として採用する場合は、キャラクター名として果たしてチャーミングさを表現できているかどうかの検証も大切です。

　この点においては、キャラクター名のベースになる、そもそもの企業名・商品サービス名の語感や響きも大きく影響するでしょう。

　場合によっては、企業名・商品サービス名そのままではなく、他の親しみを醸成するワードとの組みあわせや、部分的に言葉を変換するなどもキャラクターネーミングのひとつの手法です。

企業名・商品サービス名	キャラクター名
Ponta	Ponta（ポンタ）
SUUMO	スーモ
ガリガリ君	ガリガリ君
アフラック	アフラックダック
NOVA	NOVAうさぎ
テレビ東京「7ch」	ナナナ
ポン・デ・リング	ポン・デ・ライオン
熊本	くまモン

■ 図2-18 「企業名・商品サービス名」と「企業キャラクター名」が同一、あるいは近い（連想しやすい）ケース

②「企業名・商品サービス名」と「企業キャラクター名」が異なるケース

　キャラクター名から企業の宣伝色が弱まることで、キャラクターへのより強い親近感醸成に効果を発揮する場合があります。

　一方で、キャラクター名を聞いただけでは、企業や商品・サービスのブランド想起に瞬間的につながりにくいため、キャラクターとその企業・商品サービスとの相関性を高めるための手間と時間が必要になります。

図2-19に例示したキャラクターも、長年のキャラクターの使用や適切なキャラクター育成・運用の結果として、キャラクターのネーミングとブランドとの強い相関性を獲得しているのです。

　また、「チキンラーメン → ひよこちゃん」「ホクトの主力商品"きのこ" → きのこ組」「うるるとさららの湿度コントロール機能 → ぴちょんくん」といったように、やはり企業の業態や業種、商品サービスのイメージや特徴・形状と何かしらのつながりを感じさせるネーミングである方が、企業・商品サービスとの相関性を高めるスピードはより速くなるでしょう。

企業名・商品サービス名	キャラクター名
チキンラーメン（日清食品）	ひよこちゃん
うるるとさらら（ダイキン工業）	ぴちょんくん
ホクト	きのこ組
ゼスプリ インターナショナル ジャパン	キウイブラザーズ
不二家	ペコちゃん
チョコボール（森永製菓）	キョロちゃん
日本放送協会（NHK）	どーもくん

■ 図2-19 「企業名・商品サービス名」と「企業キャラクター名」が異なるケース

語感・響き
（覚えやすさ・口にしやすさ・親しみやすさ）

　語感（言葉から受ける印象）・音の響きによる「覚えやすさ」「口にしやすさ」「親しみやすさ」が担保されていることもキャラクターのネーミングでは大切な要素です。

　文字面だけでなく、口にしたときの響きはとても重要なため、顧客だけでなく自社の従業員も含めて、よびやすい、よびたくなるネーミングをぜひ意識してください。名前を繰り返し口にしてもらうことで、キャラクターへの愛着はより深まっていくことになるでしょう。

　名前に使われている音が特定のイメージを喚起する現象を「音象徴」とよびます。ここでは音象徴に関する詳細な解説は行いませんが、たとえば言葉に濁点（゛）を使うと「大きい・重い・強いイメージ」を与えやすく、半濁点（゜）は、「柔らかい・優しい・楽しいイメージ」を与えやすいといわれています。

　言語学を研究されている慶應義塾大学の川原繁人教授の著書『「あ」は「い」より大きい！？―音象徴で学ぶ音声学入門』（ひつじ書房、2017）では、濁点が2つ入る怪獣「ゴジラ」の名前から、もし濁点をとり「コシラ」だったら、途端にとても小さく、薄っぺらで弱そうな印象に変わってしまい、同じように「ガンダム」→「カンタム」ではどちらが力強そうに感じるか、というように濁点の効果が例示されています。

　また、単語の印象は「語頭」の音が大きな影響を与えるため、

「どんな音が使われるか」だけでなく「どこに音があるか」という要因もイメージを決める大事な要素になっているとも述べられています。

「Ponta（ポンタ）」の例で考察すると、半濁音の「ポ」を単語全体の印象に大きな影響を与える語頭にもってくることでキャラクターとしての「優しさや楽しさ」のより強いイメージ醸成につながっているのではと考えられます。

　音象徴という視点も、たくさんの案の中からネーミングを探る際の参考にしてみてください。

2-13 世界観開発

イラストからキャラクターへ

　キャラクターが人を惹きつけるチャーミングなデザインであることはもちろん大切ですが、外見的な魅力だけでは、生活者の興味は一時的、短期的なものに留まってしまうことでしょう。

　かわいいイラストがあらゆる場所にあふれ、外見上の"かわいい"だけではアピールポイントや差別化になりにくい、いまの世の中でになおさらです。

　そこで、重要となってくるのが、キャラクターがもつ「世界観」です。そもそも"キャラクター"とは、その言葉の意味通り、性格や人格、個性をもった存在を指します。

　外見上のデザインを制作しただけでは、その時点では単なるイラストカットやマークに過ぎません。イラストカットをキャラクターに変えていくためには、キャラクターデザインに本来の意味でのキャラクターづけ、つまり、そのキャラクターだけがもつ「世界観」を与えていく必要があります。

世界観は、"物"であるイラストを、"人"にするべく体温を与える、といってもいいでしょう。
　キャラクターという存在に人格を感じることで、はじめてキャラクターは感情移入、思い入れの対象となり、生活者との精神的な絆が生まれるのです（図2-20）。

■ 図2-20　世界観がキャラクターをつくりあげる

　また、特定の企業や商品・サービスの顔となる企業キャラクターは、オンリーワンの存在でなければなりません。しかし、前述の通りキャラクターのデザインは人気がある動物などがモチーフになりやすく、どうしても似かよってしまいがちです。
　そのような状況の中で、世界観は他の企業キャラクターや世の中にあふれるあまたのキャラクターとの差別化ポイントにもなってくれる大切な要素です。
　キャラクターの造形が優れていることは当然重要ですが、世界観への共感も、愛される、支持されるキャラクターの必須条件となります。

世界観を構成する3要素

「世界観」という言葉は、キャラクターを語るうえで、それほど珍しい用語ではありませんが、その意味は意外に曖昧で、抽象的に説明されることが多いように感じます。

本書ではあらためて、キャラクターの世界観は次の3要素で構成されるもの、と明確に定義します（図2-21）。

① パーソナリティ
② コミュニティ
③ ストーリー

これら世界観を構成する3つの要素が備わることで初めて、イラストカットがキャラクターへと進化を遂げるのです。

■ 図2-21　世界観を構成する3つの要素

2-14 世界観を構成する要素①
パーソナリティ

パーソナリティとは何か?

　パーソナリティとは、「性格」「行動」「言動」「趣味趣向」など、キャラクターの特徴やプロフィールを指します。

　企業キャラクターにとっては、パーソナリティ設定もブランドアイデンティティを体現する要素のひとつです。

　一方で企業や商品・サービスの顔であるがゆえに、おちゃらけた性格やエッジの効いたキャラクター設定が避けられる傾向もあり、ややもすると優等生的なパーソナリティ設定になりがちです。結果として、当たり障りのないおもしろみに欠けるキャラクターができあがってしまうことも少なくありません。

　見た目のイメージとは異なる意外な性格の一面や趣味趣向などのギャップを入れ込んでみたり、時には長所だけでなく短所や弱点がキャラクターへの共感・愛着を生むポイントになることもあります。無難と予定調和を避ける、という点もぜひ意識してみてください。

パーソナリティ設定の発想のヒント

キャラクター名の言葉遊び（例：Ponta（ポンタ）→好物は"ポンコツラーメン"）や、キャラクターの姿かたちをユーモラスに誇張していく方法（例：Ponta（ポンタ）のおへそを誇張→クセはおへそをさわること。ときどきおへそが取れる夢をみる）なども、パーソナリティ設定を膨らませていくうえでの発想のヒントになるでしょう（図2-22）。

■ 図2-22　Ponta（ポンタ）のプロフィールシート

2-15 世界観を構成する要素②
コミュニティ

コミュニティとは何か？

　コミュニティとは、もともと「人々の集まり（社会・共同体）」を指す言葉です。そのキャラクターがどのようなところに住んでいるのか？　そこにはどのような仲間がいるのか？　「住む街や家」「仲間（家族・サブキャラクター）」などキャラクターの舞台設定をコミュニティとよびます。実際の商品・サービスのターゲットのライフスタイルや生活環境に近いコミュニティを設定することによって、ターゲットの興味や親近感の醸成を狙う手法は企業キャラクターならではの発想方法のひとつです（図2-23）。

　Ponta（ポンタ）の例でいうと、共通ポイントサービス「Ponta」

| 顧客のライフスタイルや生活環境 | | キャラクターのコミュニティ設定 |

■ 図2-23　コミュニティ設定のヒント

は特定の世代や男女別でターゲットを絞らず、幅広い層をターゲットに想定したポイントサービスです。そのため、Ponta（ポンタ）のコミュニティ設定では、幅広いターゲット層の象徴としてファミリーを描くことを重視しました（図2-24、図2-25）。

このコミュニティ設定を利用して商品・サービスの使用シーンを描くこともできるため、広告コミュニケーションでの活用の可能性も大きく広がります。

■ 図2-24　ポンタファミリー

■ 図2-25　Ponta（ポンタ）のコミュニティ設定

2-16 世界観を構成する要素③
ストーリー

ストーリーとは何か？

パーソナリティ設定、コミュニティ設定をベースに、個性豊かなキャラクターたちが織りなす物語やエピソードをストーリーとよびます。

どんなに細かなパーソナリティやコミュニティ設定をつくりこんでも、それらがストーリーというかたちで、動画や漫画、絵本をはじめとしたキャラクターコンテンツとして表現されなければ、キャラクターの世界観は完成しません（図2-26）。

リアル世界をベースとしたストーリー展開

ストーリー展開は、架空の国や街など、想像上の世界だけに閉じる必要はありません。

たとえば、テレビ東京の「ナナナ」の場合は、テレビ東京の社

■ 図2-26　Ponta（ポンタ）のストーリー展開

員食堂で食べられそうになったバナナが、必死になって逃げるためにキャラクターに進化。そのまま居候の"バナナ社員"としてテレビ東京で働くことになった、という現実に存在する企業内を舞台としたストーリーが与えられています。

　社員食堂の入口ではバナナ社員のナナナがお出迎えしてくれますし、「7」のつく日には"ナナナフェア"として、バナナにちなんだ特別な社食メニューが提供されていました（図2-27）。

　ナナナはテレビ東京の社員という設定なので、着ぐるみのナナナはテレビ東京の番組やイベント、広報活動で精力的に働くなど現実世界と一体となった世界観づくりが行われています。

　また、熊本県のPRキャラクター「くまモン」も、正式デビュー時には多くのマスコミが集まる中「くまもとサプライズ特命全権大使」への辞令交付式が行われ熊本県の非常勤職員として活動を始めるなど、リアル世界でのストーリー展開を重視しているようです。実際に熊本だけでなく、日本全国で活躍するリアルなくまモンの姿がみなさんの中でも一番印象深いのではないでしょうか。

　もちろん架空の世界の中で大変魅力的かつ効果的なストーリー展開を行っている企業キャラクターもたくさん存在するので、一概に架空の世界とリアルな世界、どちらがよいとはいえませんが（たとえばミックスさせていく手法もありえます）、ストーリー展開においてリアルという要素を意識することも効果的な世界観開発の一手になりえるでしょう。

■ 図2-27 「ナナナ」リアル世界での展開

2-17 世界観開発と拡張の注意点

課題感にあわせ、世界観を変化・拡張させていく

　企業キャラクターの特性上、世界観開発に関しては注意すべきポイントがあります。

　漫画やアニメのキャラクターは、ストーリーとして世界観自体をファンに伝えることが主目的です。一方で、企業キャラクターは世界観自体を伝えることが一番の目的ではありません。世界観は企業や商品・サービスが発信したいメッセージを伝えるための手段であり舞台装置です。

　そのため、商品キャンペーンの内容や時期、宣伝費の予算規模など、広告コミュニケーション戦略に沿って、しかるべきタイミングに、しかるべき手段・場所で臨機応変に世界観をカスタマイズしながらキャラクターを展開していくことが求められます。

　また、中長期的に変化していく企業の課題にもあわせながら、企業キャラクターの世界観も適宜変化・拡張していかなければいけません。

熊本県のPRキャラクター「くまモン」は、キャラクターの人気の広がりに応じさらなる活躍の広がりを見据え、デビュー時の熊本県の非常勤職員という肩書から、わずか1年で知事、副知事に次ぐポストである熊本県の営業部長に出世させるという世界観の拡張を行いました（2024年現在の肩書は「熊本県の営業部長兼しあわせ部長」）。

　高い肩書、ステータスを与えることで、企業の社長のようないわゆる偉い人との社会的な交友関係を広げ、活躍の場のレベルアップと拡大を狙ったとのことですが、実際にこの試みは大成功だったようです（『くまモンの秘密　地方公務員集団が起こしたサプライズ』（幻冬舎、熊本県庁チームくまモン、2013））。

初期段階で世界観をつくりこみすぎない

　このように、企業キャラクター開発のとくに初期段階では、設定を無理に細かくガチガチに固めすぎず、柔軟性や拡張性の余地をもたせておくことが大切です。

　商品ラインアップの追加や、新サービス登場のタイミングで、新商品や新サービスを象徴する新たなキャラクターを家族・友達として登場させることや、新商品を象徴するライバルキャラクターを設定し、従来の商品との対立軸で新商品を印象づけることなども柔軟性や拡張性の一例です（図2-28）。

　商品ラインアップをファミリーキャラクターを用いて表現していく例として、ホクトの「きのこ組」や、ミスタードーナツの

「ポン・デ・ライオン」とその仲間たちは、このような仕組みがとてもチャーミングな世界観で表現されています。

■ 図2-28　商品ラインアップの追加に伴い新キャラクターを登場させる

　また、キャラクター開発の段階で世界観の設定を極端に厚く、細かくしすぎると、その設定に縛られ実際の広告コミュニケーション展開において使い勝手が悪くなってしまったり、サブキャラクターを充実させすぎて肝心のメインキャラクターの認知や、共感醸成が進まなくなる恐れもあります。

　キャラクターの初期段階においては必要以上に細かいプロフィール設定を行ったり、ストーリーを無理に広げすぎないようにし、世界観の拡張は実際のコミュニケーション展開における生活者の反応や、コミュニケーションを行ううえで浮かび上がってきた世界観の加不足を検証しながら段階を追って行っていくのがよいでしょう。

スタイルガイドの開発

スタイルガイドとは何か？

　キャラクターのスタイルガイドは「キャラクター設定（プロフィールなど世界観の基本設定）」「キャラクターの使用規定」「キャラクターの画像素材集」などで構成されるキャラクターの管理・運用方法を定めたルールブックです。キャラクターマニュアルやVIとよばれることもあります。

　スタイルガイドを制作・使用することによって、社内、および、社外で広告販促物やキャラクターグッズの制作を担う人たちなど誰でも、表現にブレなく、クオリティを保ちながらキャラクターの活用を行えるようになるため、適切な企業キャラクターコミュニケーションを行うためには、マストというべきツールです。

スタイルガイドの基本構成

スタイルガイドは主に以下のような項目で構成されます（図2-29）。

①スタイルガイドの使用規定
②キャラクター設定
③キャラクターのカラー規定
④キャラクターの使用禁止例
⑤推奨フォント規定
⑥キャラクターの立体化規定
⑦アプリケーションデザイン規定
⑧キャラクターの画像素材集

項目の追加や削除、各項目の順番、各ページの記載要素は必要に応じて調整を行ってください。

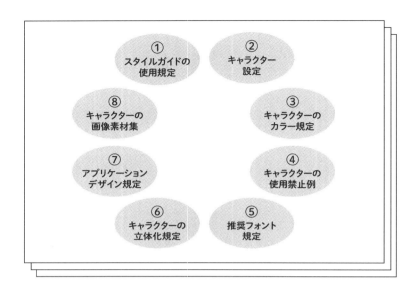

■ 図2-29　スタイルガイド8つの基本構成

スタイルガイドの基本構成①
スタイルガイドの使用規定

　スタイルガイドの使用方法を記載します（図2-30）。キャラクターの使い方に不明点などが生じたときの問い合わせ先なども記載します。記載要素は必要に応じて調整してください。

```
スタイルガイドの使用規定

このスタイルガイドにはキャラクターのクオリティを保つために必要なキャラクターの使用ルール、
および、キャラクタープロフィール・キャラクターの画像素材などが記載されています。

●本キャラクターはスタイルガイドの規定の範囲内でのみ使用することができます。
●キャラクターの管理者の許諾なく下記事項を行うことはできません。
　・スタイルガイド内にある画像素材の改変
　・スタイルガイドに定めるカラーリング以外での使用
　・スタイルガイドに存在しない新規イラストカットの制作
　・キャラクターの立体化
　・キャラクターの動画コンテンツの制作
　・キャラクターの新たなプロフィール設定、サブキャラクターの制作、ストーリーの開発
●本スタイルガイドを一般に配布・販売・貸与・公開することはできません。

キャラクターやスタイルガイドの内容に関するお問い合わせは下記キャラクター管理担当までお願いいたします。
＊＊＊＊＊＊＊＊＊＊＊＊＊＊＊＊＊＊＊＊
```

■ 図2-30　スタイルガイドの使用規定例

スタイルガイドの基本構成②
キャラクター設定

　キャラクター(およびサブキャラクター)のプロフィールや世界観設定を記載します(図2-31)。世界観を簡潔に紹介するショートストーリーや、キャラクターが住む世界の設定画、サブキャラクターの設定なども盛り込むことで、スタイルガイドの使用者がキャラクターへの理解を深めることにつながります。

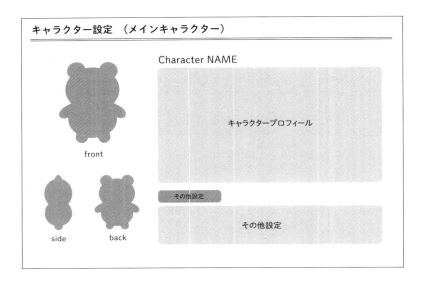

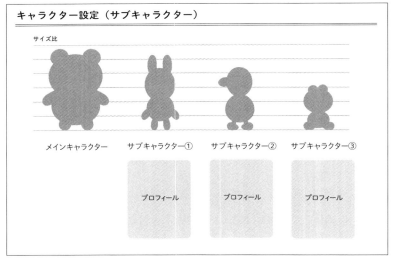

■ 図2-31　キャラクター設定

スタイルガイドの基本構成③
キャラクターのカラー規定

メインキャラクターやサブキャラクターの表示色などを定めます（図2-32）。

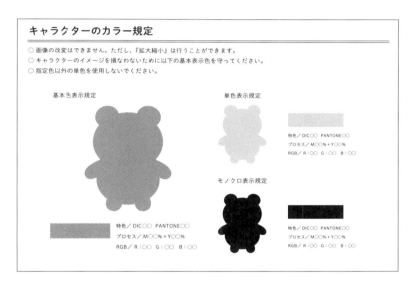

■ 図2-32　キャラクターのカラー規定

スタイルガイドの基本構成④
キャラクターの使用禁止例

　キャラクターの正しくない、行ってはいけない使用方法を例示します（図2-33）。

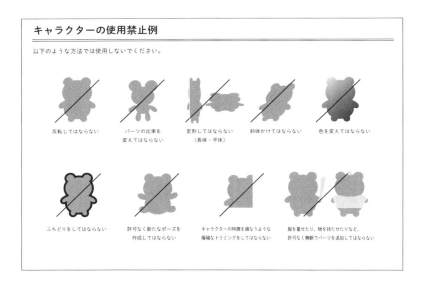

■ 図2-33　キャラクターの使用禁止例

スタイルガイドの基本構成⑤
推奨フォント規定

　キャラクターイメージの一貫性を保つために、広告コミュニケーション活動など、キャラクター展開時に使用する推奨フォントを規定します（図2-34）。キャラクターの世界観と調和するフォントを指定してください。

```
推奨フォント規定

広告販促物、グッズなどでキャラクターを使用する場合、
キャラクターの世界観イメージ統一を図るため、セリフや販促コピーなど、
キャラクターまわりの文言には下記フォント、もしくはそれに近い
フォントの使用を推奨します。

    推奨フォント①　○○ゴシック W4
    あいうえおかきくけこさしすせそたちつてと
    アイウエオカキクケコサシスセソタチツテト
    ABCDEFGHIJKLMNOPQRSTUVWXYZ
    1234567890

    推奨フォント②　○○ゴシック W6
    あいうえおかきくけこさしすせそたちつてと
    アイウエオカキクケコサシスセソタチツテト
    ABCDEFGHIJKLMNOPQRSTUVWXYZ
    1234567890
```

■ 図2-34　推奨フォント規定

スタイルガイドの基本構成⑥
キャラクターの立体化規定

　ぬいぐるみや人形などの置物・立体のキャラクターグッズ・着ぐるみなどの制作基準やガイドになります（図2-35）。

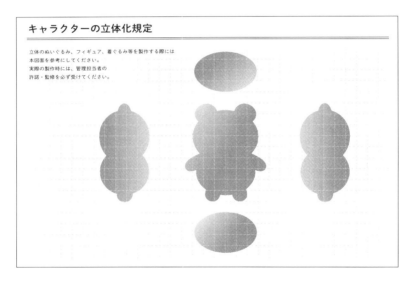

■ 図2-35　キャラクターの立体化規定

スタイルガイドの基本構成⑦
アプリケーションデザイン規定

さまざまなツール類にキャラクターをデザインする場合の使用規定です（図2-36。厳密な使用規定ではなく、使用イメージとして例示する場合もある）。

企業、業種、業態によりアイテムはまちまちですので、自社で多用する可能性のあるアイテムや自社のコアアイテムをたとえば以下のように抽出してください。

- コーポレートアイテム
  （名刺、封筒、紙袋、クリアファイル、ユニフォームなど）
- プレスリリースなどの広報ツール類
- パワーポイント書類のテンプレート
- 看板・サイン類
- 店舗什器類
- Webデザイン

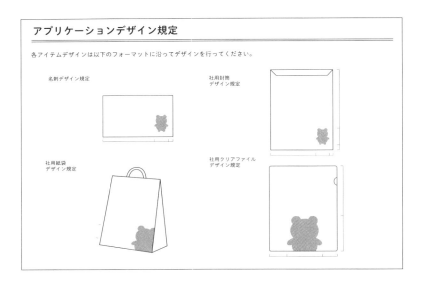

■ 図2-36　アプリケーションデザイン規定

> スタイルガイドの基本構成⑧
> # キャラクターの画像素材集

　広告販促物をはじめとした表現物においてキャラクターを使用する場合に必要な入稿用画像素材集です（通常はAdobe Illustratorのaiデータ）。主に下記のようなデザインカットを入れ込みます（図2-37）。

- ・キャラクターの表情・ポーズ集
- ・サブキャラクターの表情・ポーズ集
- ・社名や商品ロゴとキャラクターの組みあわせ素材集
- ・キャラクターネームロゴとキャラクターの組みあわせ素材集

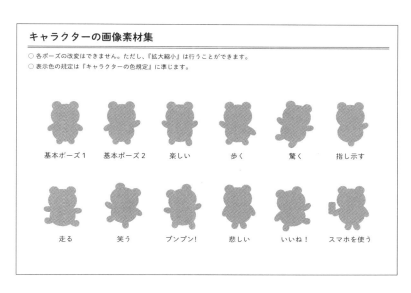

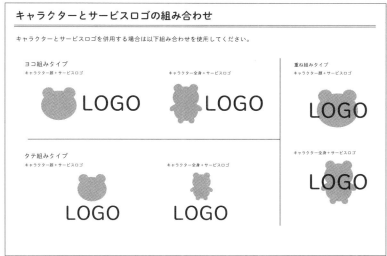

■ 図2-37　キャラクターの画像素材集

スタイルガイドのアップデート

　広告コミュニケーション活動におけるキャラクターの活用が進むと、その使用過程においてキャラクターの使用方法に関する不便な点、足りない点などの改善点や課題点が顕在化してきます。

　キャラクターをより使いやすくしていくためには、適宜スタイルガイドの内容の改定などアップデートが必要です。また、キャラクター展開の伸張、拡張によりキャラクター設定や画像素材の追加の必要性も生じるため、必然的にスタイルガイド内の項目や素材の追加などによって、スタイルガイドのボリュームも増加していくことになります。

　スタイルガイドは一回制作したら終わりではなく、後々、Ver.2、Ver.3とアップデートが発生するものとして想定しておきましょう。

スタイルガイドで規定しにくい立体化や動画化

　キャラクターの立体化やCMなどの動画化は、スタイルガイド内の規定だけでは制作やクオリティコントロールが難しい表現物といえます。

　たとえば一口に立体化といっても柔らかいぬいぐるみと硬い材質の人形では、立体として再現できる形状が異なってくるため、

都度キャラクターの造形を調整し変えていく必要があります。着ぐるみの場合は人が入り込み、動くことを前提とした立体化が必要です。

　一方で、すべての材質やアイテムごとの立体化規定をスタイルガイドに入れ込むことは現実的ではありません。

　スタイルガイド内の立体化規定は、すべての立体化展開の大本となる重要なガイドではありますが、実際の立体化作業に際してはアイテムごとに、キャラクター開発者による制作や監修のもとで行うことが理想的です。これは動画化に関しても同様です。

　キャラクターのクオリティコントロールおよび開発者による監修に関しては第3章で詳しく述べていきます。

企業キャラクターを育成し運用する

第 3 章

企業キャラクターをつくったものの、それをどのように扱っていけばいいのか。従来、その指針やメソッドが明確に言語化、体系化されることはほとんどありませんでした。

本書の目的は企業キャラクターコミュニケーションの基礎を体系立ててお話ししていくことにあります。第2章の企業キャラクターの開発プロセスにつづき、第3章では生み出されたキャラクターをどのように育て、活用していくべきなのか、企業キャラクターの育成と運用の実務に関して解説します。

なぜ育成と適切な運用が必要なのか？

多くの企業キャラクターがいつのまにか忘れさられる現実

　ここまで、企業キャラクターを企業が抱える課題のソリューションとして活用していくことの重要性にふれてきましたが、企業キャラクターが多くの人に愛される存在となり、企業の有用なコミュニケーション手段として中長期的にソリューション機能を発揮してくれるためには、「育成」と「適切な運用」が必要不可欠です。

　キャラクターデザインをつくって、それを世の中にお披露目しただけでは、企業キャラクターはまず期待される機能を発揮できず、人気者にもなれないという大変シビアな現実があります。

　企業キャラクターコミュニケーションに携わる人は、毎年新しい企業キャラクターが次々と生まれ、そしてそのほとんどがいつのまにか忘れさられていく大変過酷な事実と向きあわなければなりません。

　厳しいいい方ですが、生まれたことすら多くの人に気づかれな

い企業キャラクターが世の中には数多く存在するのです。生き残るキャラクターと去っていくキャラクター、その境目はどこにあるのでしょうか？

育ての親として、敏腕マネージャーとして取り組む

テレビで活躍しているタレントをイメージしてみてください。タレント事務所が人財を発掘し、個性を育て、さまざまなメディアでのプロモーションを経てファンを獲得していく。

そこには、無名の新人をスターへとステップアップさせる育成のプロセスと戦略的なマネジメントが必ずあるはずです。

企業キャラクターもでき立てほやほやの段階では、まったくの無名の新人です。

世間の認知度も好感度もゼロの白紙状態。タレントの育成と同じく、表舞台で活躍することができるかどうかは企業の育て方と運用次第である、といっても過言ではないのです。

かわいいキャラクターをつくりさえすれば、自然とひとりでに人気が出るだろう、みんながキャラクターグッズを欲しがるだろう、というような淡い期待を抱くことなく、育ての親として、そして敏腕マネージャーとして、ぜひ熱意と根気をもって企業キャラクターの育成と運用に取り組んでください（図3-1）。

■ 図3-1　企業キャラクターにも敏腕マネージャーが求められる

3-2 企業キャラクターの3大育成・運用ポイント

では、企業キャラクターを"育てる""運用する"とは具体的にどのようなことなのでしょうか。ここからは企業キャラクターの機能・効果を最大限に発揮させるための3大育成・運用ポイントを説明していきます（図3-2）。

① キャラクター体験設計
② クオリティコントロール
③ インナーコミュニケーション

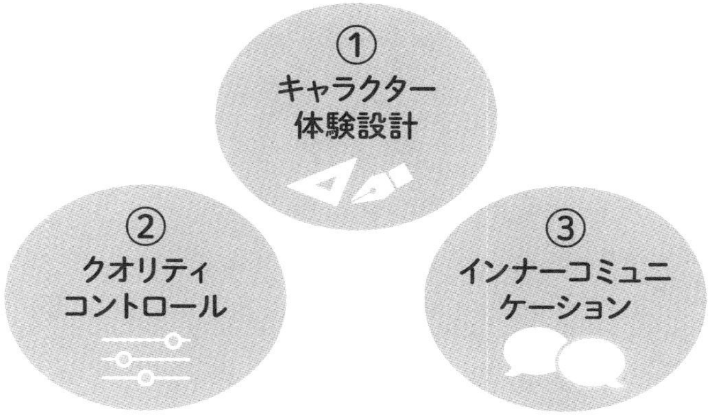

■ 図3-2　企業キャラクターの3大育成・運用ポイント

3-3 キャラクター体験設計

　企業キャラクターコミュニケーションにおける「キャラクター体験設計」とは、生活者が商品・サービスを認知し、購買、継続利用、優良顧客化に至る一連の行動プロセス中で、一気通貫してキャラクターをアイキャッチャー、コミュニケーターとして活用していくための計画を指します。

　第1章の「企業キャラクターの3つの基本機能」で説明した通り、企業キャラクターはマス広告からデジタルメディア、商品の売り場まで、ターゲットとのすべての接点においてフットワークよく柔軟に活用が可能という大きなメリットがあります。

　考えうるあらゆるコンタクトポイントがキャラクター体験の場、そしてファン化のチャンスとなり、結果、顧客のキャラクターへの愛着を媒介に、企業や商品・サービスとの息の長い良好なリレーションが築かれていくのです。

　キャラクター体験設計は、キャラクターを育て、そして、キャラクターのファンを育てる、キャラクターの育成計画そのものといってもいいでしょう。

3-4 キャラクター体験設計 3つの目的

　キャラクターの熱烈なファンを育て、キャラクターを商品・サービスと顧客の優秀な橋わたし役へと成長させるためには、ただやみくもにキャラクターを多用すればいいというものではありません。

　どのような目的をもってキャラクターと顧客の接点をつくりだしていくのか。ここでは体験設計の重要な指針となる、3つの目的を説明していきます。

　次の①〜③を目的とした体験設計を行うことでキャラクターのポテンシャルが高まっていくのです（図3-3）。

① 認知を高める
② 相関性を高める
③ 世界観を浸透させる

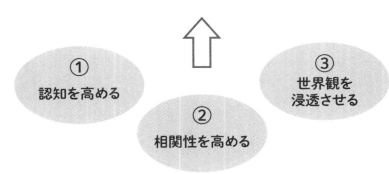

■ 図3-3　企業キャラクター体験設計の3つの目的

体験設計の目的①
認知を高める

　体験設計ひとつ目の目的は、キャラクターの「認知」を高めるということです。根本的な話になりますが、どんなに人を惹きつけるキャラクターデザインや世界観をつくっても、顧客との接点をつくらなければ、その魅力を知ってもらえないので認知や好感度も上がりません。

　顧客から存在を知られていなければ企業や商品・サービスの象徴（顔）には当然なりえません。

　各種調査からも、企業キャラクターの認知が高まるのに比例してキャラクターの好感度も上がり、加えてそのキャラクターを運用する企業やブランドへの親しみや興味・関心も上昇することがわかっています。

認知度を上げることは、好感度を上げる、つまりキャラクターのファンを増やすうえでも大切なことといえるのです。
　また、第1章でもふれましたが、企業キャラクターのもっとも重要な目的は、企業が抱える課題のソリューションとなることです。そのため、世の中全般の認知度を高めることが一義的な目的ではなく、ターゲットを明確化し、まずはターゲットとする市場や生活者の中での認知を高める体験設計を意識しましょう。

体験設計の目的②
相関性を高める

　2つめの目的として、キャラクター体験を通してキャラクターと、企業や商品・サービスとの「相関性（ふたつのものが密接に関わりあっている状態）」を高めていかなければいけません。キャラクターと、企業や商品・サービスの一体感の醸成といってもいいでしょう。
「そのキャラクターはどの企業のものなのか？」
「どのような商品・サービスを象徴するキャラクターなのか？」
　どんなに有名なキャラクターであったとしても、キャラクターの出所、所属企業を生活者に想起してもらえなければ、それは企業キャラクターとはいえず、企業のコミュニケーション活動には貢献できません。
　相関性が高まることで、キャラクターのファンが増えれば企業や商品・サービスのファンも増大する好循環が期待できるのが企業キャラクターコミュニケーションなのです。

第2章では、キャラクターデザインやネーミングにブランドアイデンティティを反映させることは相関性を高めるための必須要件とお話ししましたが、キャラクターの運用フェーズにおいても相関性への意識は重要です。

　とはいえ、いつでも、どんなメディアにおいてもキャラクターと企業・商品ロゴを必ず1セットにして使ったり、つねにキャラクターが商品を手にもって宣伝をしている必要はありません。いつも広告宣伝ばかりしているキャラクターでは生活者が興ざめしてしまうこともあるでしょう。

　キャラクターと企業や商品・サービスとのつながり、相関性を深めるための宣伝色の強いコンタクトポイントに加えて、キャラクター自体の魅力を伝える場や施策、グッズ、コンテンツづくりなども織り交ぜ、体験設計全体で相関性とキャラクター性を高めていくことが重要です。

体験設計の目的③ 世界観を浸透させる

　3つ目の目的はキャラクターの「世界観」を浸透させることです。前述の通り、世界観のないキャラクターは、そもそもキャラクターとはいえません。

　キャラクターデザインだけでなく、キャラクターの世界観（個性やストーリー性）はキャラクターへのファン化を促進し、生活者とのリレーションシップを深く、息の長いものにしてくれます。また、世界観はキャラクター展開の幅を広げ、中長期において生

活者の飽きを防いでくれる役割も果たします。ただかわいらしいキャラクターデザインがあるだけでは、できることが限られてしまうのは容易に想像できるでしょう。

ただ、どんなに緻密にキャラクターのプロフィールをつくりこみ、ストーリーを練り上げたとしても、その世界観を知ってもらうための接点や仕掛けがなければ、宝の持ち腐れとなってしまいます。

とりあえずつくっておくか、とキャラクター紹介のためのWEBサイトを制作し、サイト内にはキャラクターのアニメーションをはじめとした動画コンテンツなども充実しているが、アクセス数が一向に伸びないというのは、企業キャラクターコミュニケーションではよくある悩みのひとつです。

「生活者をWEBサイトに誘因する仕掛け、導線は考えられているか？」

「そもそもキャラクターの世界観の浸透をWEBサイトだけに委ねていいのか？」

というようにターゲットを分析し、キャラクター体験設計を練ることが重要だと考えさせられる一例といえるでしょう。

また、世界観の浸透においては、いつでも、どのコンタクトポイントにおいてもキャラクターの世界観にブレなく一貫性をもたせ、ファンが求め期待しているキャラクター性を理解したうえで広告表現やコンテンツを提供することが重要です。

キャラクターの個性やストーリーが顧客と共鳴することではじめて、キャラクターは愛される存在へと成長するのです。

効果検証の必要性

　これら3つの目的がキャラクター体験設計を通して、しっかりと達成されているかどうかは客観的な評価も大切です。

　感情移入しやすいというのがキャラクターの特性でもありますが、自分たちで生み出したキャラクターの評価はとかく甘くなりがちです。

　キャラクターの認知度や、キャラクターによるブランド再認、世界観の浸透により得られるキャラクターへの好感度などの定期的な調査を行い、体験設計の効果をしっかりと検証していくこともキャラクターの育成に必要なプロセスとして、ぜひ取り入れていきましょう。

3-5 キャラクター体験設計 5つのポイント

　キャラクターの使用にあたって、販促物の空白を埋める挿絵やWEBページデザインの賑やかしなど、キャラクターの露出がごく限られた機会や媒体に留まっていないでしょうか？

　マス媒体での大々的な使用に留まり、それ以外のターゲットとの接点を抜け漏れなく利用できているでしょうか？

　思い出したように使って、またしばらく使わなくなるというような一過性の露出になっていないでしょうか？

　企業キャラクターコミュニケーションにおいては、ターゲットとのあらゆる接点をキャラクターの露出のチャンス、認知・好感度を高める場としてとらえ、継続的に活用していく必要があります。

　タレントでは契約上、使用することができなかったメディアや露出の機会が必ずあるはずです。キャラクターだからこそ使える、いままで考えもしなかったターゲットとの接点がまだまだ眠っているかもしれません。

　デジタルを活用すればキャラクターとの接触機会をオールウェイズ・オン（Always On：詳しくは第4章参照）でつくりだすこともできるでしょう。

　ここからは実際にキャラクター体験設計に取り掛かるうえで参

考にしていただきたい5つのポイントを説明していきます。

① コンタクトポイントを洗い出す
② オウンドメディアの活用が鍵になる
③ マスパワーに頼り過ぎない
④ リアルな場での体験価値の提供
⑤ コラボレーションで体験を広める

3-6 体験設計のポイント①
コンタクトポイントを洗い出す

トリプルメディアでの洗い出しと整理

　キャラクター体験設計の起点として、まずはコンタクトポイントの洗い出しをお勧めします。考えうる生活者との接点を書き出し、可能性を俯瞰してみるのです。そのときに、トリプルメディアとよばれる「ペイドメディア（Paid Media）」「アーンドメディア（Earned Media）」「オウンドメディア（Owned Media）」の3つの役割ごとに整理を行ってみてください（図3-4）。

　ペイドメディアは費用を払って広告掲載するメディア（マスメディアやWEBメディア、OOHなど）で、限られた期間で認知や理解、集客などを効率的に行うことができます。

　アーンドメディアは商品・サービスのユーザーが主体となって情報発信を行うメディア（個人のブログやSNS、口コミサイト、TV番組やニュースメディアの記事など）で、第三者のよい評価は信頼獲得や情報拡散に寄与してくれます。

　オウンドメディアは企業自らが管理、運用を行うメディア（自

社のWEBサイト、SNSアカウント、アプリ・店舗など）で、自社の想いを自由に、より深く伝えやすく、生活者と密接につながりつづけるベースとなってくれます。

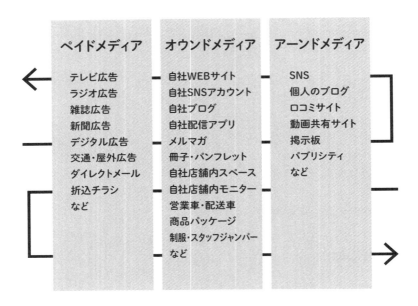

■ 図3-4　トリプルメディアでのコンタクトポイントの洗い出しと整理

メディアを横断した一連の体験の流れをイメージする

　同じ広告表現やキャラクターコンテンツでも、ターゲットごとに届く、有効に機能するメディアや場所は異なりますし、効果的な発信ポイントも異なります。

　コンタクトポイントの洗い出しにより、使用できる・使用するべきメディアの整理を行うことで、このメディアではインパクトをもたせた瞬発力のある表現で認知を獲得しよう、このメディアではキャラクターの世界観をじっくり理解してもらおう、というようにメディアを横断したキャラクター体験の一連の流れなど、体験設計がイメージしやすくなるはずです。

体験設計のポイント②

オウンドメディアの活用が鍵になる

　ここでは、自社のデジタルメディアに留まらず、企業が自らもっているあらゆるキャラクター露出の場・機会を、広義の意味でオウンドメディアとしています。

　自社がもつオウンドメディアにはいままでは気がつかなかったキャラクターの意外な露出機会がたくさん眠っている可能性があります。

　まったくメディアとして認識していなかったスペース、場所、手段の発掘こそが、オウンドメディアの洗い出しの主目的ともいえます（図3-5）。

　まとまった費用のかかるペイドメディアやコントロールが難しいアーンドメディアと異なり、企業の意思で自由に展開を行えるオウンドメディアはターゲットに対してオールウェイズ・オンでキャラクター体験を提供できる貴重な手段になってくれるはずです。

■ 図3-5　オウンドメディアの可能性を見出す

　オウンドメディア、とくにデジタルメディアでの発信に関しては、第4章でも詳しく説明します。

3-8 体験設計のポイント③
マスパワーに頼り過ぎない

　企業キャラクターと生活者とのコンタクトポイントとしては、テレビCMをはじめとしたマス媒体などのペイドメディアは即効性もあり認知を上げるうえでも効果的な手法ですが、一方でいくらマス媒体を活用したとしても、一時的な大量出稿や散発的な露出では、キャラクターの世界観までは浸透が難しく生活者との絆はなかなか形成されません。

　一過性の認知は上がるが、マス広告の減少に比例してキャラクターの記憶が急激に薄れ、忘れさられてしまうというわけです。人間関係でも家族や親友との間柄は一朝一夕で築かれるものではないでしょう。

　大切なことは、つねにどこかでつながりつづけるオールウェイズ・オンの関係性です。時にはマス媒体のパワーも効果的に利用しつつ、デジタル、リアル、そして、企業が自ら所有するさまざまなオウンドメディアも積極的に活用しながら設計を進めていきましょう。

体験設計のポイント④

リアルな場での体験価値の提供

　昨今、着ぐるみの活用やリアルイベントなどに注目が集まり、リアルな場においてキャラクターと生活者が接点をもつことが重視される傾向にあります。

　音楽業界でライブが見直されているように、ネット社会、リモート社会にあるからこそ、リアルな場の価値が高まっているといってもいいでしょう。

　コロナ禍の落ち着きとともに、リアル体験への欲求はますます高まりつつあります。現実の場でキャラクターと直にふれあい、その世界観をリアルに肌で体感することで、より熱烈なファンになる。そして自分の体験として、リアルな場で起きた様子をソーシャルメディアで拡散する。

　この生活者のリアルな場への「参加性」を軸とした体験価値の提供と共感醸成は、キャラクターコミュニケーションの効果的な手法として取り入れていきたいところです（図3-6）。

リアルな体験価値を提供するPonta(ポンタ)カフェや「バファローズ☆ポンタ」カフェ

着ぐるみでのファンイベントやファンとのリアルな交流

■ 図3-6　リアルな場でのキャラクター体験

体験設計のポイント⑤

コラボレーションで体験を広める

　漫画やアニメの既存キャラクターや、異なる企業のキャラクターとのコラボレーションという手法も大いに検討の余地があります。

　もちろん、キャラクターの世界観同士のマッチングや、ファンの期待を裏切らない相手とのコラボレーションであるかどうかなど注意深く検討を行っていく必要はありますが、コラボレーション相手のファンも巻き込むことで、自社のキャラクターのファンのすそ野を広げる効果も期待できます（図3-7）。

■ 図3-7　misato.さんとのコラボレーション動画

3-11 キャラクター体験設計の実例

Ponta(ポンタ)の体験設計

ここでは顧客の、商品・サービスの認知➡興味関心の増大➡購買・利用行動➡継続利用➡ロイヤルカスタマー化（企業や商品・サービスに高い信頼、愛着をもってくれている顧客化）に至るデュアルファネルの一連の流れの中で、キャラクターを各種コンタクトポイントにおいてどのように露出・活用していくのか、「Ponta(ポンタ)」のキャラクター体験設計の例を紹介します。

ファネルとは、顧客が商品やサービスを知ってから、購買に至るまでの行動フローを図式化したもので、購買・利用までの「新規顧客獲得ファネル」と、そこから継続利用・ロイヤルカスタマー化までの「既存顧客育成ファネル」を融合したものを「デュアルファネル」とよびます（図3-8）。

企業キャラクターが、全ファネル一気通貫で活用でき、各ファネルにおけるさまざまなコンタクトポイントで強いアイコンとなり、かつ、多くのアウトプットを柔軟につくり出すことができる

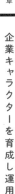
第3章　企業キャラクターを育成し運用する

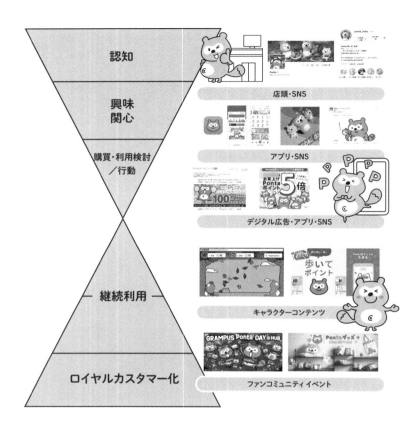

■ 図3-8　Ponta（ポンタ）のデュアルファネル

ことは、ここまで述べてきた通りです。

　Ponta（ポンタ）の例でも、考えうるあらゆるコンタクトポイントをキャラクター体験の場、そしてキャラクターへのファン化のチャンスとし、結果、顧客のキャラクターへの愛着を媒介に、企業や商品・サービスとの息の長い良好なリレーションを築いていくことを体験設計の目的としています。

商品・サービスに気づいてもらう段階
商品・サービスの認知フェーズ

　キャラクター「Ponta（ポンタ）」は共通ポイントサービス「Ponta」の象徴。キャラクターの認知がポイントサービスの認知にダイレクトにつながります。

　Ponta（ポンタ）の場合はターゲットが普段利用するコンビニなどの実店舗での店頭ポスター、POP、冊子、レジ横モニターなどターゲットの生活圏においてキャラクターを露出させていくことで、キャラクター、ひいてはポイントサービスを知ることになります。XやFacebookなどデジタルコミュニケーションによる認知拡大にも力を入れています（図3-9）。

店頭のPOPなどでの認知

各種SNSなどからの認知

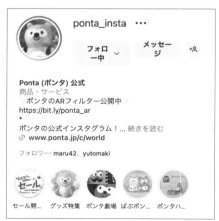

■ 図3-9　商品・サービスの認知フェーズにおける施策例

商品・サービスをもっと知りたいと関心をもってもらう段階
興味関心の増大フェーズ

「ポイントがポンポンたまる」というメッセージとともに、サービスメリットへの興味関心をもった人がその情報を引き続き得たいと思ったときに、「Pontaアプリ」をダウンロードしたり、Pontaの「SNSアカウント」をフォローしたりすることで興味関心を増やしていきます。Ponta（ポンタ）という共通で認識できるアイコンがあるからこそ、「店頭」と「アプリ・SNS」というリアルとデジタルをつなげて認識することが可能になっているといえます（図3-10）。

最後の一押しから実際の購買・利用につなげる段階
購買・利用行動フェーズ

興味関心が増大し、アプリやSNSなどでたびたび出てくる購買につながる更新情報にユーザーは購買心を促され、ポイントを活用して買い物をしたり、さらなるポイントを集めるための行動を起こしたりします。Ponta（ポンタ）というキャラクターを通して知ったサービスが購買・利用につながる瞬間です（図3-11）。

キャラクターを介して購買体験を行っているため、企業からの押しつけがましさが緩和され楽しみながらポイントサービスを活用できるというのは、キャラクターコミュニケーションならではの特筆すべきメリットです。

『Pontaアプリ』などを通しての
サービスへの興味喚起

各種SNSの投稿を通しての
Ponta(ポンタ)への興味喚起

■ 図3-10　興味関心の増大フェーズにおける施策例

アプリやSNSからの具体的な
お得訴求による購買促進

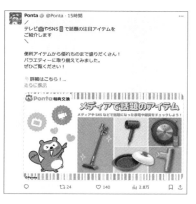

■ 図3-11　購買・利用行動フェーズにおける施策例

つなぎとめるために顧客とリレーションを深める段階
継続利用フェーズ

　ただ便利だから。ただお得だから。それだけではお得な瞬間が終わってしまえばユーザーはそのアプリやSNSを離れたり、別のサービスに移ってしまうかもしれません。

　まさに、このタイミングこそキャラクターがもっとも強みを発揮できる瞬間です。

　サービスへの興味に加え、キャラクターへの興味共感が醸成できていれば、継続してサービスを利用してもらえる、つまりキャラクターがサービスの継続利用をつなぎとめてくれる役割を果たしてくれるのです（図3-12）。

　ターゲットへお得感だけ訴え続けてサービス利用の継続を促すのにも限界があります。キャラクターがいれば新しいキャラクターの展開や見せ方、キャラクターコンテンツへの興味をフックに、サービスを継続利用してもらえる関係をつくっていくことができるというわけです。

　その中にさらなるサービス情報を盛り込み、クロスセルやアップセルにつなげていくこともできるでしょう。

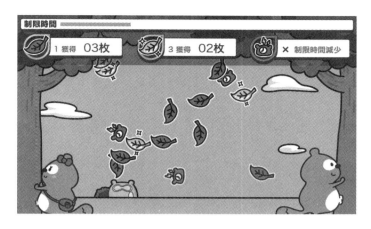

毎日プレイできるゲームやSDGsアプリにキャラクターを活用することで、顧客との接点を強化する施策

■ 図3-12　継続利用フェーズにおける施策例

ロイヤルカスタマー化フェーズ
顧客のブランドへの誇りや愛着を育てる、ファン化の段階

　キャラクターとの継続的な接点をつくりつづけることで、最初はポイントサービスのいちアイコン、いちキャラクターとして認知していたPonta（ポンタ）に愛着が生まれ、Ponta（ポンタ）というキャラクター自体を愛してくれる、「ファン化」の現象が起こります。

　Ponta（ポンタ）のキャラクターグッズを購入してくれたり、共通ポイントサービス「Ponta」を運営するロイヤリティ マーケティング社が協賛する野球やサッカーのチームを一緒になって応援してくれたり、"推し活"ともいえるような行動が生まれたとき、既存のPonta（ポンタ）ファンがさらなるPonta（ポンタ）ファンを生み出す状況になります。

　既存ファンがもっているグッズを見て、新たなファンが増える。既存ファンがSNSで拡散させたPonta（ポンタ）に関連する投稿が共感をよび新たなファンを生む。キャラクターへの愛着が広がると同時に、共通ポイントサービス「Ponta」のサービスのファンも拡大していくことになります（図3-13）。

バリエーションが豊富なキャラクターグッズ

ファンコミュニティ限定のイベント

■ 図3-13　ロイヤルカスタマー化フェーズにおける施策例

世の中の変化にあわせ
体験設計も柔軟に変化を

　具体的には4章でふれますが、AI、デジタルメディアの急速な進化により、世の中のコミュニケーション環境も急激に変化しつづけています。

　それに伴い、日々変わりつづける顧客行動に対して、体験設計自体もより柔軟なカスタマイズが必要です。

　その点において、体験設計の変化に、臨機応変、縦横無尽にうまく対応していけるのもキャラクターならではの強みといえるでしょう。

クオリティコントロール

クオリティコントロールとは何か?

　企業キャラクターのクオリティコントロールとは、顧客が求めるキャラクター像を毀損しないために、キャラクターの「デザイン」と「世界観」の品質を中長期でブレなく維持・管理していくことを指します。

　企業キャラクターは企業や商品サービスの象徴（顔）であるため、企業キャラクターと企業や商品・サービスのイメージは密接にリンクし、お互いに影響を及ぼしあう関係といえます。

　そのため、企業キャラクターのイメージや価値を下げることは、企業や商品・サービスのイメージを下げるリスクに直結する可能性があるのです。

キャラクターに対して目の肥えた日本人

　日本はキャラクター大国といわれ、大前提として日本人のキャラクターを見る目は非常に肥えている、という認識をもって企業キャラクターを活用していくことが大変重要です。

　こんなもので大丈夫だろう、というぞんざいな扱いやクオリティが低い表現物は、企業側のキャラクターに対する温度感の低い姿勢まで見透かされ、ファン形成を困難なものにすることでしょう。自分たちが愛着をもっていないものを他人に勧めても、うまくいくはずがありません。

　漫画、アニメなど幼い頃からキャラクターのシャワーを浴び続け、キャラクターのクオリティに対して感度の高い日本の生活者は、無意識のうちにつねにシビアな目でキャラクターをジャッジしています（図3-14）。

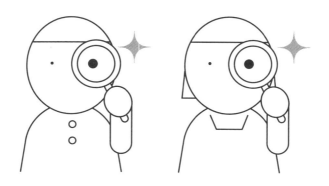

■ 図3-14　企業キャラクターは厳しい目で見られている

各コンタクトポイントでキャラクターのデザインや世界観表現がブレてまったく統一されていなかったり、また粗雑なアウトプットによるキャラクター展開では興味共感を得られず、いつまでたっても生活者の認知や好意の形成はままなりませんし、結果としてキャラクターの短命化を招くことになってしまいます。

そのようなリスクを回避しつつ、キャラクターの使用を活性化させるために、ここではいくつかのポイントを説明します。

スタイルガイドの重要性

第2章でスタイルガイドの制作に関して説明をしましたが、キャラクターのスタイルガイドは主に「キャラクターの使用規定」と「キャラクター設定」および広告販促物でキャラクターを使用するための「入稿用画像データ集」で構成された、キャラクターの管理・運用のためのルールブックです。

スタイルガイドの存在により、誰でも、表現にブレなく、一定のクオリティを保ちながらキャラクターの運用が行えるようになります。たとえば広告宣伝の担当者が異動となった場合の引継ぎもスムーズに行えることでしょう。

スタイルガイドは企業キャラクターコミュニケーションの根幹となる"憲法"といってもいい存在なのです。

もし、まだスタイルガイドを作成していない、またはもっていたとしても簡易的な画像データ集に留まっている場合には、前章も参考にスタイルガイドの作成や内容の見直しをお勧めします。

スタイルガイドの効果的な運用

　企業キャラクターコミュニケーションの実践にあたって、すでにスタイルガイドを使用している企業も多いことと思いますが、一方で、いま現在そのスタイルガイドは社内で本当に有効活用されているでしょうか？　スタイルガイドの開発は、スタイルガイドの運用方法と一体で考える必要があります。
　企業キャラクターはマス広告からデジタルメディア、商品の売り場まで、生活者とのあらゆる接点においてフットワークよく柔軟に活用が可能なコミュニケーション手段であるという話をしました。
　企業内各所の協力を仰ぎながら、さまざまな媒体や機会を駆使し、露出のチャンスを活かしていきたいところです。
　実際、企業内で従業員に親しまれているキャラクターは、社内各所からチラシやポスターなどの販促物にぜひ使用したいという要望がひっきりなしに舞い込むものです。
　しかし、筆者が携わったいくつかの企業では、スタイルガイドは社内に存在するものの広告宣伝担当者のデスクの中に大切にしまわれ、広告宣伝部署内でもあまり使用形跡が見当たらない、ましてや他部署では当然活用されていない、存在すら認知されていない、ということがありました。
　中には、ある地域の営業所がキャラクターデザインを使用した販促物を制作していたのですが、スタイルガイドが広告宣伝部署

から門外不出の扱いになっていたため、販促物にデザインされたキャラクター画像は、自社のキャラクターであるにもかかわらずネットから拾ってきた低解像度の荒い画像を使用していた、ということもあったほどです。

　粗雑な扱いや低クオリティの制作物はキャラクターの短命化につながるリスクがあると前述しましたが、これは大変憂慮すべき事態です。

　本書の主題でもある戦略的な企業キャラクターコミュニケーションの実践にあたっては、広告宣伝部署などが主導しキャラクターを適切にコントロールしていくことが必要不可欠です。

　ただし、そのコントロールが極端に厳しく、キャラクターを閉ざし、使用のハードルを上げ過ぎた結果、社内の誰にも使用されなくなってしまったり、先ほどの営業所での例のようにキャラクターのクオリティが毀損されてしまっては元も子もありません。

管理と自走の仕組みづくり

3つの管理・運用手法

　多くの部署、従業員にキャラクターをフットワークよく柔軟に有効活用して欲しい。一方で、広告宣伝の担当部署としてはキャラクターのクオリティコントロールもしっかりと行いたい。

　管理と解放のバランスをとることは現実的には大変難しい問題ではあるのですが、スタイルガイドの運用方法を工夫することで、解決の糸口が見えてくる可能性は大いにあります。

　具体的なスタイルガイドの管理・運用にあたっては、各企業の業態や組織構成にあわせ、どこで、誰が、どのように管理するのか都度ベストな方法を検討していくことが望ましいでしょう。

　ここでは、管理・運用体制構築のためのベースやヒントとなる考え方として3つの手法を挙げます。

① 少数管理型

② 共有型

③ オーダー型

　もちろん、それぞれの要素のいいところどりでも、組みあわせでも結構ですので、よりその企業にあった方法を模索してみてください。

管理・運用の手法①
少数管理型

　本部の広告宣伝担当部署など特定の少数部署のみでスタイルガイドを管理・運用する方式です。そのため、原則的にはキャラクターを用いた広告販促物や各種ツール類は、当該の広告宣伝部署のみで行うことになります。

　キャラクターを用いた広告販促物を一カ所で制作・管理するので確実なクオリティコントロールを行うことが可能です。

　ただし、社内の各部署が必要とするキャラクターツール類（広告物や販促ツール、キャラクターグッズなど）を広告宣伝部署からうまく社内各所へ供給できない場合（社内の使用ニーズに応えられない場合）、社内のキャラクター活用モチベーションが上がらず、なかなかキャラクターが活性化しないというリスクが考えられます。

　社内各所の需要を適宜把握できる仕組みの構築なども必要となってくるでしょう。

管理・運用の手法②
共有型

　スタイルガイドをキャラクター使用の必要性がある社内各所に共有する方式です。スタイルガイドに定められたルールに則れば、キャラクターを各々の裁量で使用することが可能になるため、キャラクターコミュニケーションの活性化が期待できます。

　ただし、さまざまな人がさまざまな思惑でキャラクターを使用するため、スタイルガイドの解釈や使用方法も千差万別となり、キャラクターの世界観にそぐわない使用や改変、勝手なカスタマイズが目の届かない場所で行われてしまうリスクが存在します。

　スタイルガイドの共有にあたっては、ただそのままわたすだけでなく、キャラクタースタイルガイドの使用ルールの周知徹底はもちろん、本書でここまで説明してきたキャラクターの機能や役割、キャラクター育成の意義、クオリティコントロールがいかに大切かなど、社内レクチャーとセットにすることが重要となります。

　また、一例ではありますが、ルールを逸脱した使用が判明した場合には、以降のキャラクター使用を禁止する旨、ペナルティ条項が記載されたスタイルガイドを運用している企業も存在します。

　厳しい規定ではありますが、そのような警告の記載もひとつの方法として検討してもよいでしょう。

管理・運用の手法③
オーダー型

　社内各所に共有するのはキャラクターカット集の「カタログ」のみとします。キャラクターの使用希望者は、カタログの中から使いたい画像をセレクトし管理担当部署に申請。都度、正式な入稿用画像データを入手するというオペレーションです。

　管理担当部署としては、キャラクターが社内のどこで、どのように使用されるのか把握できるため、クオリティコントロールがしやすくなるメリットがあります。

　このオーダー方式のための専用のイントラシステムを構築している企業も存在します。

3-14 キャラクター開発者との協業

企業と開発者でともに育む

　ここまでスタイルガイドの有用性について述べてきましたが、では、スタイルガイドさえあればキャラクターに関わるすべてのクオリティコントロールを完璧に行うことができるのかというと、現実的にはそれだけでは難しく、スタイルガイドも決して万能ではありません。

　企業キャラクター開発の実態としては、広告会社やデザイン制作会社、著名なイラストレーター、デザイナーなどが開発を手がけるケースが多いかと思いますが、クオリティコントロールにはキャラクター開発者とのリレーションも大変重要となってきます。

　筆者が開発に携わったPonta（ポンタ）の例でも、共通ポイントサービス「Ponta」を運営するロイヤリティ マーケティング社とはポイントサービスのローンチ（キャラクターのデビュー）前からいまに至るまで約15年以上にわたり、良好な関係を築き、いま現在もPonta（ポンタ）の企業キャラクターコミュニケーションに密接に

関わっています。

　企業キャラクターの開発者と、そのキャラクターを運用する企業は、ともにキャラクターを育てていく両親のような間柄であることが理想的です（図3-15）。

■ 図3-15　キャラクターを企業と開発者でともに育てていく

　キャラクターデザインと世界観を熟知する開発者がキャラクターに関わりつづければ、中長期にわたるキャラクター活用において、生活者が期待するキャラクターのデザインや世界観からぶれるリスクをおさえることができますし、クオリティが担保しつづけられることは想像にかたくないかと思います。

　とくに企業キャラクターの導入初期は、キャラクターのイメージ形成・定着の最重要期間のため開発者との協業は大変重要なものとなってきます。

自走と協業の両輪で進める

　一方で、企業キャラクターコミュニケーションにおいて、キャラクターに関わる制作物の数やオペレーションは膨大です。

　各メディアでの広告展開からSNS運用、イベント、細かな販促物まで、すべてのアウトプットをキャラクターの開発者が制作・監修することは、物理的にもあまり現実的ではありません。

　そのため、スタイルガイドを有効活用し企業内で自走できる部分と、開発者と協業すべき部分の両輪で企業キャラクターコミュニケーションを展開することで、キャラクターの活用がより活性化するとともに、そのクオリティは中長期で守られていくことになるでしょう。

キャラクター開発者による制作・監修ポイント

企業キャラクターコミュニケーションを進めるにあたり、とくに開発者が制作や監修を可能な限り行うことが望ましいポイントとして次の4つを紹介します。

① 世界観設定
② SNS運用における性格づけ
③ 立体化（2Dデザイン→3Dデザイン）
④ 動画化

制作・監修ポイント①
世界観設定

世界観設定とは、キャラクターのパーソナリティ設定・コミュニティ設定の追加や修正、キャラクターを主役としたストーリーの制作（絵本、漫画、動画などのキャラクターコンテンツ）などを指します。

第2章でふれた通り、世界観なくしてキャラクターは成立しません。キャラクターの根幹をなす世界観設定に関しては、開発者

との協業や監修をもっとも取り入れていきたいポイントです。

> **制作・監修ポイント②**
> **SNS運用における性格づけ**

　SNS上での企業キャラクターによる情報発信は、いわゆる"中の人"が行うわけですが、キャラクターの世界観を崩さないために、SNS上でキャラクターが話者となり情報発信する際のキャラクターの性格づけや語調などのトーン＆マナーに関して開発者と企業側で入念にすりあわせを行っておきます。

> **制作・監修ポイント③**
> **立体化（2Dデザイン→3Dデザイン）**

　立体化はスタイルガイドでの規定が大変困難です。とくに生活者とのエンゲージメント構築において大変重要なツールである「着ぐるみ」の制作は要注意です。
　イラストそのままに立体化しても、思っていたキャラクターイメージとは異なったものになることがつねで、とくに目や鼻、口の位置など表情の細かい調整は必須工程になります。
　また、着ぐるみは人が中に入り操作することが前提のため、どうしても演者の可動性を考慮した造形が求められます。
　しかし、動きやすさばかりを意識しすぎ、2頭身や3頭身だったオリジナルのキャラクターデザインが、着ぐるみになると人間の形状そのものの造形になってしまうことはしばしば起こりがちです（図

3-16)。

　オリジナルデザインのイメージを損なわず、かつ、可動性も加味した高度なデフォルメを行うためには、キャラクター開発者の監修が不可欠といってもいいでしょう。

■ 図3-16　とくに着ぐるみの立体化は非常に難しい

　実は、あの「くまモン」も、一か月程であわててつくったといわれている最初期の着ぐるみは、2Dのイラストデザインとはかけ離れた、大変スリムで人間のシルエットそのものがはっきり出た姿かたちでした。

　ファンの間では初号機、プロトタイプなどともよばれていますが、最初期の着ぐるみくまモンはすぐに姿を消し、「最初はスリムだったけれど、熊本の美味しいものを食べてメタボになった」というチャーミングな説明とともに現在のふくよかな（?）くまモンが登場した、という経緯があるのです（『くまモンの秘密　地方公務員集団が起こしたサプライズ』幻冬舎、熊本県庁チームくまモン、2013）。

着ぐるみ以外のぬいぐるみや人形などの立体物も2Dから3Dへの変換時に違和感を抱かせないように、初期段階においてはキャラクター開発者の監修も取り入れつつ、今後のさまざまな立体化展開のベンチーマークとなる造形をつくりあげることが重要です。

制作・監修ポイント④ 動画化

　立体化と同じくスタイルガイドだけでの規定が困難なキャラクターの表現手法です。世界観に沿ったキャラクターの所作設定や声優の選定、テーマ音楽の開発なども、キャラクター開発者との協業が望ましいでしょう。

インナーコミュニケーション

インナーコミュニケーションとは何か？

　インナーコミュニケーション（インターナルコミュニケーションとよばれることもある）とは、自社の従業員に向けて行う広報活動やメッセージ発信などの社内コミュニケーションを指します。

　全社員が共通の価値観や目的意識をもつことで、モチベーションや組織力を高めることが目的です。

　第1章では、企業キャラクターという従業員共通のシンボルへの愛着が高まると、従業員の意識の一体化や団結力の醸成に寄与し組織力の向上につながるという、企業キャラクターの「インナーモチベーター」としての機能と効果を説明しました。

　もっとも、自社のキャラクターだからといって、キャラクターに対する愛着が自然に湧いてくるわけではありません。

　では、どのようにすれば従業員のキャラクターへの愛着が高まり、その結果として企業キャラクターが「インナーモチベーター」の機能と効果を発揮してくれるのでしょうか？　その鍵は「イン

ナーコミュニケーション」が握っています。

従業員をキャラクターの一番のファンへ

　そもそも、自分（企業側）が愛していないキャラクターを、外部の人（生活者）が愛してくれるということが果たしてあるでしょうか？　自分の興味がないものの魅力を他人に伝えることは難しいでしょう。

　インナーコミュニケーションの目的は、従業員のキャラクターへの理解と愛着の醸成、つまり、ファン化です。

　自社の愛すべきキャラクターをもっとさまざまな人に知ってもらいたい、人気者にしたいという想いは、企業キャラクターの使用の活性化、ひいては、広告コミュニケーション活動の質・量の向上につながります。

　また、自社のキャラクターを大切にしたくなる気持ちは、企業キャラクターの中長期的なクオリティの維持につながります。従業員のファン化は、生活者のファン化と同じく、企業キャラクターコミュニケーションの成否に関わる必須要素といっても過言ではありません（図3-17）。

■ 図3-17　まずは従業員を一番のファンへ

インナーコミュニケーション 2つのアプローチ

　一般的に企業キャラクターは、社内の広告マーケティングセクションなどの狭い範囲で開発が進められるため、大半の従業員にとっては、ある日突然キャラクターのお披露目があり、突然使用を強いられる存在ということになります。

　そのため、従業員に対しキャラクター開発・使用目的の丁寧な説明によって「なぜ、このキャラクターが必要なのか」理解してもらうこと。キャラクターの「かわいらしさやおもしろさ」に気づいてもらうことで興味共感を醸成していくこと。この2つのアプローチを用いて、従業員に自社のキャラクターを自分ゴト化し

てもらい、キャラクターへのモチベーションを高めてもらう必要があります。

　本書では、このインナーコミュニケーションの２つのアプローチを「ロジカルアプローチ」と「エモーショナルアプローチ」と規定します（図3-18）。

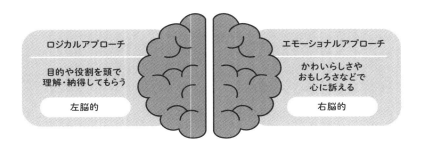

■ 図3-18　左脳的なロジカルアプローチと右脳的なエモーショナルアプローチ

ロジカルアプローチ

　キャラクターの使用目的や役割、キャラクターの使用ルールなど、なぜ使う必要があるのか、どのように使うべきなのか理解と納得を促すことが目的です（図3-19）。

　そのために、従業員との社内コミュニケーションチャネルを活用し、キャラクターに関する情報を積極的に発信していきましょう。

　社内でのポスターの掲示、社内報、社内メールなどのイントラ

ネットの活用、社内の会合でのプレゼンテーションなどがまず思い浮かぶチャネルかと思います。

また、これらの社内コミュニケーションチャネルを使用し、中長期的にキャラクターの情報を発信しつづけていくことを検討してもよいでしょう。

■ 図3-19　ロジカルアプローチは納得のためのアプローチ

エモーショナルアプローチ

従業員とキャラクターとの情緒的なリレーション構築が目的です（図3-20）。

たとえば、従業員に向けてオリジナルのキャラクターグッズを配布したり、業務で日常的に使用する名刺やクリアファイル、社員証ホルダー、紙袋、封筒、ペンなどのビジネスツールにキャラ

クターデザインを入れ込んだりするなど、つねに身近でキャラクターに接してもらうことで愛着心の醸成を狙います。

パソコンの壁紙やパワーポイントのデザインテンプレートの配布などもひとつの手でしょう。

それらのビジネスツールは、取引先などのステークホルダーに対して、企業キャラクターのアピール効果も期待できます。

ビジネスツール以外に、キャラクターデザインを活かしたオフィスの装飾や着ぐるみの社内キャラバンなども、親しみを高めるひとつの方法です。

■ 図3-20　エモーショナルアプローチは好きになってもらうためのアプローチ

3-17 企業キャラクターの育成・運用体制の実例
ロイヤリティ マーケティング

　ここからは、共通ポイントサービス「Ponta」を運営する株式会社ロイヤリティ マーケティングが、企業キャラクターPonta(ポンタ)を具体的にどのように育成・運用し、また従業員のキャラクターへの愛着醸成のためにどのような取り組みを行っているのかを紹介します。

Ponta(ポンタ)の育成・運用体制

　ロイヤリティ マーケティングでは、Ponta(ポンタ)の管理と運用全般をブランディング＆プロモーション企画部という部署で担当しています(2024年6月現在で約24名)。

　この部署は、共通ポイントサービス「Ponta」のブランド戦略全般と、ブランドの象徴であるキャラクターPonta(ポンタ)の知的財産管理・クオリティコントロールおよびPonta(ポンタ)を使用した宣伝・コミュニケーション活動の企画・運用を一手に引き受けています。

　すべての部員が専属でキャラクターの管理・運用だけを行って

いるというわけではありませんが、たとえば部内で公式SNSを運用しているチームは、フォロワー総数約130万人（2024年11月現在）となる複数の公式SNSで、毎日のようにPonta（ポンタ）のキャラクターを使った投稿を行っています。また、ロイヤリティ マーケティングはオリックス・バファローズや名古屋グランパスなどのスポーツチームとスポンサー契約やパートナー契約を締結しており、関連する業務を担務とするチームは、「バファローズ☆ポンタ」や「グランパスポンタ」を活用したファン化マーケティング活動やキャラクターグッズのマーチャンダイジングも行っています。

つまり、部員一人ひとりがそれぞれの異なる担務の中で、「Ponta」ブランドを強化すべく、何らかの形でキャラクターの活用と育成に携わっています。

キャラクターPonta（ポンタ）がつねに新鮮で魅力あふれる存在として「Ponta」ブランドを支えていくために、このような管理・運用体制を構築しています。

Ponta（ポンタ）のクオリティコントロール手法

Ponta（ポンタ）を使用したすべての広告販促物・店頭ツール・各種アイテムのチェック、ライセンスグッズの監修まで、キャラクターに関するすべてのブランドコントロールをロイヤリティマーケティング社のブランディング＆プロモーション企画部で行っています。

Ponta（ポンタ）のクオリティコントロールのベースは、キャラクターの使用ルールと画像素材が一体となった「スタイルブック」と「VI」です（図3-21、図3-22）。

「スタイルブック」はキャラクターの商品化に活用され、マーチャンダイジング（商品化）を行うライセンシーに提供されます。

　一方の「VI」はキャラクターの使用ルールと広告販促物などで使用するための画像データで構成され、主に広告コミュニケーション上で活用されています。

「スタイルブック」と「VI」内の画像データの改変や画像データの新規作成は、ブランディング＆プロモーション企画部以外では一切できません。

　また、「スタイルブック」と「VI」は毎年更新されています。画像素材のアップデートに加えて、使用していく過程で使いにくさや不具合が生じるため、Ponta（ポンタ）のクオリティを適切に保護しながらも、より使いやすい形にするために適宜更新する必要があるためです。

　ロイヤリティ マーケティングはウェブサイトやアプリなど、さまざまなオウンドメディアをもっており、それらの運用をはじめとして、社内のあらゆる部署でPonta（ポンタ）が活用されていますが、ブランディング＆プロモーション企画部による監修が終わらない限り、外部に公開できないルールになっています。

「VI」は社内の専用のイントラシステムにアップされており、このシステムを通して全社員がPonta（ポンタ）の画像素材も入手することができます。また、制作物の監修作業は別のシステム上で運用されています。

この「VI」はポイントサービスの提携社にも提供され、各提携社は「VI」に基づいてさまざまなツールを作成しています。
　それら制作物の監修も提携社とロイヤリティ マーケティングをつなぐ専用のシステムを使って行われていて、このチェックが完了しないと世の中には出せない仕組みになっています。
　以上のように、キャラクターのクオリティコントロールはかなり厳密に行われているため、一見、キャラクターを臨機応変に活用できず、使いにくいように思えるかもしれませんが、使用者が困らないように必要十分と思われる膨大なキャラクターの画像素材を準備、提供することと、社内や提携社から特定の画像素材が欲しいという要望にも柔軟に対応し、作成を検討・対応することを強く意識しています。
　このバランスがうまくいっているからこそ、Ponta（ポンタ）が世の中にこれだけ広がっているのでないでしょうか。

■ 図3-21　スタイルブックブックの例

■ 図3-22　VIの例

社員のキャラクター愛を深めるために

　新卒入社や中途入社など、新たに組織に参加する人々が増える中で、社員のキャラクターへの愛着を深めファン化を促進するためのインナーコミュニケーション施策として、次の3つを重要なポイントとして考えています。

　① 入社時の研修と教育
　② キャラクターグッズ
　③ オフィスデザイン

① 入社時の研修と教育

　ロイヤリティ マーケティングでは、入社したすべての人にキャラクターPonta（ポンタ）のブランドブックがわたされるとともに、新入社員を対象とした研修ではPonta（ポンタ）への深い理解と愛着醸成のきっかけとなるような研修プログラムを用意しています。

　Ponta（ポンタ）の開発者（原作者）の紹介から始まり、これまでのPonta（ポンタ）の活用、活躍の歴史やエピソード、それに対してのディスカッションも行うようにしてキャラクターを自分事化していくプロセスを重視しています。

　また、共通ポイントサービス「Ponta」と、その象徴であるキャラクターPonta（ポンタ）のブランドは、社内のブランド部門の社員だけが担っているものではなく、全社員が背負っていて、一人ひとりのちょっとした行動が、会社のサービス、そしてブランドにいい影響を与えることもあるし、時にはブランドを毀損する恐れもあるということも強く伝えています。

② キャラクターグッズ

　キャラクターグッズは、キャラクターへの愛着を醸成するうえで欠かすことのできないキーアイテムです。2Dのイラストとしてキャラクターと接するだけでなく、身近にグッズを飾ったり、日常的にキャラクターグッズを使用したりすることを通して、キャラクター愛を深めることを目指しています。

　たとえば、会社から社員に向けたクリスマスギフトとして、社内移動に使いやすいよう、Ponta（ポンタ）をあしらったオリジナル

バッグの配布を行いました。

　総務部署と連携し、IDカードを入れるケースであったり、業務用の紙袋であったり、社内の備品も基本、キャラクターを入れることが可能なアイテムにはPonta（ポンタ）をデザインしています（図3-23）。

　キャラクターへの愛着醸成のためのインナーコミュニケーションにおいて、社員全員が日々キャラクターグッズを使ってもらえるような仕組みと環境づくりは必要不可欠なものといってよいでしょう。

Ponta（ポンタ）を使用した入館証

Ponta（ポンタ）を活用した社員証ストラップ

■ 図3-23　社内の各種備品にもPonta（ポンタ）をデザイン

③ オフィスデザイン

3つ目は業務環境にいかにキャラクターを取り入れていくかということです。ロイヤリティ マーケティングでは、オフィスの装飾、インテリアにキャラクターをふんだんに使用しています（図3-24）。

日常の業務の中でキャラクターを自然に感じられる空間をつくり上げていくこともPonta（ポンタ）への親近感を高める大切なアクションだと考えています。

Ponta（ポンタ）の認知度や好感度の調査

ロイヤリティ マーケティングでは、Ponta（ポンタ）を活用した広告コミュニケーション活動が、Ponta（ポンタ）の認知度や好感度を上げていくことにどのぐらいつながっているのか効果検証を行うために、年に2回のスパンで定期的なロイヤリティブランド調査を行っています。

Ponta（ポンタ）のサービスブランドパワー、キャラクターパワーを測るといってもいいでしょう。これらの材料をもとに、広告コミュニケーションをはじめとしたキャラクター体験設計のPDCAをまわしていくことになるため、最新のキャラクターパワーを把握するための定期的な調査は欠かせません。

原作者によってPonta(ポンタ)が描かれた会社エントランス

たくさんのPonta(ポンタ)がレイアウトされたオフィスフロア

■ 図3-24　Ponta(ポンタ)がフィーチャーされたオフィスデザイン

デジタル時代の
企業キャラクター
コミュニケーション

第 **4** 章

スマートフォンの誕生、デジタルメディアの進化に伴い、コミュニケーション手法はますます多様化、複雑化し、企業もその変化の速さに対応しきれないといった状況も多く生まれています。

そのような中でキャラクターは、その変化に柔軟に対応し、新しいコミュニケーションの流れに寄り添ってくれる、環境変化に大変強い存在だと考えています。

第4章では、企業キャラクターのいまとこれからの活用の可能性を紐解きながら、先の読めない変化の時代にキャラクターがあることの強みを解説します。

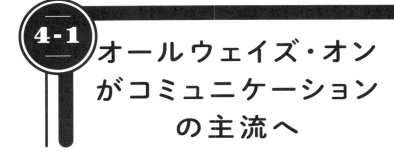

4-1 オールウェイズ・オンがコミュニケーションの主流へ

企業と顧客がつねにつながりつづける時代

　スマートフォンの登場により、TVCMを中心とした1対多数のマスコミュニケーションから、スマートフォンを所有する個人との1 to 1コミュニケーションへとコミュニケーション手法が移行し、SNSの企業公式アカウントなどオウンドメディアの活用も広告コミュニケーション活動の主軸になり始めています。

　これまでのように、夏のキャンペーン、そして、冬のキャンペーンというように、キャンペーンとキャンペーンの間に谷があり、顧客との接触頻度に間隔のあるコミュニケーションから、スマートフォンを介し"オールウェイズ・オン"(Always On)といったつねに顧客とつながり続けるコミュニケーションが当たり前になりつつあります。

　さらにはつながり続けた結果、顧客をロイヤルカスタマー(企業や商品・サービスに高い信頼、愛着をもってくれている顧客)化していくコミュニケーションが求められるようになってきました。

一方で、このようなメディアの変化にうまく対応できている企業はまだまだ多くはないと感じています。

　メディア環境の変化にあわせてさまざまなSNSで公式アカウントを開設してみたものの、それぞれのコミュニケーション施策がバラバラに展開していてブランディングの観点で統一感がなかったり、各アカウントへの力のかけ方を分散させてしまい、薄く広く、オールウェイズ・オンどころか更新もままならないアカウントが乱立してしまうといった状況が多く生まれています。

日常に寄り添う企業キャラクター

　そのような、SNSをはじめとしたメディアの多様化、細分化の時代にあって、あらゆるメディアをつなぐ一気通貫の強いアイコンとなり、かつ、企業側の意志で柔軟にフットワークよく、タイムリーにコミュニケーションを行える企業キャラクターという存在は、よりきめ細やかなコミュニケーションが求められるオールウェイズ・オンを実現するうえで、これ以上ないコミュニケーション手段のひとつとなるでしょう（図4-1）。

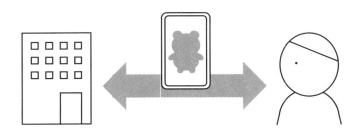

■ 図4-1　企業と生活者のオールウェイズ・オンを実現する企業キャラクター

　広告契約であらかじめ何をどのようなメディアで行うのかが決められているタレントや既存の著名キャラクターでは、臨機応変にというのはなかなか難しいことは第1章で述べた通りです。
　では、オールウェイズ・オンのつながりの中で企業キャラクターをコミュニケーターとして活用することにより、どのようなコミュニケーション展開が考えられるでしょうか。
　たとえば、いまこの瞬間に世の中でニュースや話題になっている出来事を題材にしたタイムリーなSNS投稿や、今日お勧めしたい商品・サービス情報の投稿、投稿への反応をみながらの新たな投稿など、モーメント、つまり瞬間を活かしたコミュニケーションがフットワークのよい企業キャラクターであれば可能になります。
　もちろん、これらの投稿はキャラクターという人格があるからこそ、企業からの一方的な情報伝達にならず、生活者とのインタ

ラクティブかつフレンドリーな関係の中で情報を届けることができます。

SNSだけではなく生活者が日々使用するアプリと連動した店頭体験、購買体験も、キャラクターにその過程を一気通貫するナビゲーターとしての役割を期待できます（図4-2）。

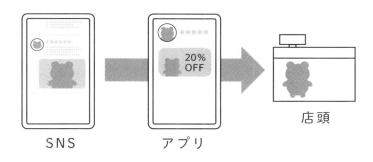

■ 図4-2　購買行動の流れを一気通貫して企業キャラクターが導く

アプリ上でキャラクターが商品をおすすめし、実際の店頭でもキャラクターが生活者をお迎えするといった、手元から購買の場までキャラクターが生活者の購買行動に寄り添ってくれるのです。

生活の中へ自然に織り込まれていく企業キャラクター

今後はAR・VR・MRといったXR領域の進化に伴い、スマホを介してのコミュニケーションに留まらず、実際に生活者の目の

前にキャラクターが存在するかのようなリアリティをもったオールウェイズ・オンのコミュニケーションも次々に活用されることでしょう。

Appleの「Apple Vision Pro」やMetaのARグラス「Orion」のように、スマートグラスが世の中に普及すれば、リアルなキャラクターが当たり前のように目の前に存在する日常も、遠い未来ではありません。

このようなキャラクターを介したオールウェイズ・オンのつながりの中で、企業の本来の目的であるマーケティング活動を無理なく自然に行っていけるのが、企業キャラクターコミュニケーションの強みでもあります（図4-3）。

■ 図4-3　生活の中へ自然に織り込まれていく企業キャラクター

4-2 オールウェイズ・オンのコミュニケーション実例
Ponta（ポンタ）の Xコミュニケーション

76万人以上のフォロワー数を誇るSNSアカウント

　共通ポイントサービスPontaの企業キャラクターPonta（ポンタ）はSNSでのコミュニケーションを2011年から開始しました。

　ユーザーとの接点をより多くもち、コミュニケーション頻度を上げることでサービスへの好意度を上げることを狙い「X（旧Twitter）」、その後に「Instagram」「LINE」の運用をスタートさせています。

　中でも、Xは拡散性に大変優れるため、認知拡大という面で他のSNSを圧倒的に超える効果を見せてきました。2024年9月現在では76万人を超えるフォロワー数を誇るアカウントにまで成長し、Ponta（ポンタ）のSNSコミュニケーションの主軸として意欲的に運用されています。

　ここでは、Ponta（ポンタ）と生活者とのオールウェイズ・オンを目的とした、X上でのコミュニケーション施策例を紹介していきます。

Ponta（ポンタ）Xカレンダー

　季節の折々のモーメントをとらえた細やかな発信によって、1年を通してファンと向きあうオールウェイズ・オンのつながりは、フットワークよく臨機応変な活用が可能なキャラクターだからこそ実現できるコミュニケーション手法といえるでしょう。

　オウンドメディアである自社アカウントの活用によって、コミュニケーション予算もリーズナブルに展開していける点も大きなポイントです。

細やかなモーメント投稿

　図4-4〜図4-8では暮らしの中の機微に寄り添う細やかなモーメント投稿を紹介します。

■ 図4-4　1月 冬の寒い日に共感をよぶ投稿

■ 図4-5　2月「猫の日」に猫とたわむれる投稿

■ 図4-6　4月 こんな日もあるんだという恐竜の日の投稿

■ 図4-7　6月 夏を感じさせる蛍の季節の投稿

■ 図4-8　9月 残暑が厳しい時期に共感をよぶ投稿

季節ごとのイベント投稿

　図4-9〜図4-13では、新春キャンペーンや「Ponta（ポンタ）誕生祭」、エイプリルフール、夏のキャンペーン、クリスマスキャンペーンなどを紹介します。

■ 図4-9　1月 新春キャンペーンでは年明けからしっかりとエンゲージメントを築く

「Ponta（ポンタ）誕生祭」とは、3月1日のPonta（ポンタ）の誕生日をX上で盛大に祝う投稿企画です。2023年には「#Ponta（ポンタ）誕生祭」でお祝いコメントをくれた人全員に、必ずPonta（ポンタ）から"リプを返す"という決死の覚悟で施策を実施。結果、「#Ponta（ポンタ）誕生祭」がTwitter（現X）トレンド1位に輝くなど、大きな認知獲得効果につながりました。

■ 図4-10　3月 #Ponta（ポンタ）誕生祭

　4月1日のエイプリルフールには"Ponta（ポンタ）の目は実はアイマスク"というチャーミングな投稿を行い、ファンのみならず、ファン以外の人も巻き込み話題化。世の中の折々の大きなモーメントに乗り、その中でファンの期待に応える投稿を行っていくことで、キャラクターへのさらなるロイヤリティの醸成を狙っています。

■ 図4-11　4月 Ponta（ポンタ）のエイプリルフール

■ 図4-12　夏のキャンペーンはPonta（ポンタ）が夏全開の季節感あふれる格好でキャンペーンを盛り上げる

■ 図4-13　クリスマスキャンペーンはPonta（ポンタ）がサンタになって盛り上げる

季節ごとのお楽しみ動画

そのほかにも季節が変わるごとに楽しめるGIF動画を投稿するなど、さまざまな手法でユーザーとオールウェイズ・オンを楽しめるような工夫をこらしています（図4-14）。

■ 図4-14　季節が変わるごとに楽しめるGIF動画を投稿（©misato.）

AIキャラクターが日常に寄り添う未来

　ChatGPTに代表される生成系AIの著しい進化によって、AIを企業のコミュニケーション活動に取り込む動きは急速に進み、企業の有用なコミュニケーション手段である企業キャラクターにも、AI活用の波が押し寄せています。

　キャラクターを使用したチャットサービスはすでに多く見られますが、より人間に近い自然な会話を可能にする生成系AIを企業キャラクターが取り込むことにより、キャラクターが自発的に生活者と会話をはじめ、友達のように接し、キャラクター自身が生活者とのオールウェイズ・オン状態をつくり出していくことも今後、十分に予想されます。

　AIキャラクター自らが顧客をターゲティングし、商品・サービスの認知から興味関心の増大、購買・利用行動、継続利用、ロイヤルカスタマー化に至るまで、すべての顧客体験に寄り添いナビゲートしていく、そのようなオールウェイズ・オンの未来も遠くないでしょう（図4-15）。

　ここからは、そのような明日につながるAIキャラクターのいくつかの事例をみていきたいと思います。

■ 図4-15　AIによるキャラクターの自動対話の可能性

4-4 AIキャラクターの実例①

キャラトーカーAI

　筆者が関わったプロジェクトでもありますが、ChatGPTが話題になってすぐの2023年5月、ChatGPTのAI会話生成を活用したキャラクターとの自動対話サービス「キャラトーカーAI」のシステム開発を行い、フリーイラスト素材「いらすとや」のキャラクターと自動対話が行えるソリューションをリリースしました（図4-16）。

　「いらすとや」作者の、みふねたかしさんにはキャラクターとの自動対話という新しいコミュニケーションへのチャレンジに理解、協力をいただき、リリース以降いくつかの活用事例が生まれています。

　中でも、宮崎県都城市との取り組みの中では、まさしくAIキャラクターと生活者とのオールウェイズ・オンを体現する試みが進められています。

　市民の健康寿命の延伸が大きな課題のひとつとなっている都城市では、デジタル技術を活用し、誰もが気軽に自分の認知症リスクを把握し対策に取り組むことができるよう、認知症の予防を図るための「スマイルみやこんじょ」というサービスを提供しています。

いらすとやを活用したAIとの自動対話の様子

いらすとやを活用したAIのUI画面

■ 図4-16　キャラトーカーAI

　都城市民であればマイナンバーカードを用いてアクセスできるWEBポータルサイトに、脳を活性化するゲームや簡単にできる運動などさまざまな健康促進のコンテンツが備えられ、その中のひとつとして都城市のキャラクター「都城ノ進」との会話を楽しむことで認知症の予防につなげる「キャラトーカーAI」が用意され、市民のみなさんに利用されています（図4-17）。

　キャラクターをインターフェースにすることで、誰にでも親しみやすいコミュニケーションを図れると同時に、人間のように自然な会話が行える生成系AIは、テキスト入力になれていないシ

■ 図4-17　宮崎県都城市のキャラクター「都城ノ進」

ニア層でも簡単に使用できるユニバーサルなサービスになりえると考えています。

　たとえば、プレゼントを贈りたい方の年齢や好み、どのようなお祝いをしたいかなどをAIキャラクター「都城ノ進」に伝えると、プレゼントの案を回答してくれます（図4-18）。

　そのほかにも、旅行に行ったときの話をすると、話した内容に関連する質問が返ってきたり、結婚式の挨拶として考えている内容に対してアドバイスをしてくれたり、家の冷蔵庫にある食材を話すと、都城ノ進がおすすめのレシピを回答してくれたりと、あらゆる人が使いやすく、自由に、自然にコミュニケーションを取れるAIキャラクターとして親しまれています（宮崎県都城市「スマイルみやこんじょ」WEBサイト）。

■ 図4-18　身近な人へのプレゼントのアイデアが欲しいときに答えてくれる

4-5 AIキャラクターの実例②
CHABOT Ponta

CHABOTとは?

　生成系AIはロボット業界にも大きな影響を与えています。AIキャラクターと生活者が友達のような関係になり、そのオールウェイズ・オンの日常体験が実は企業のマーケティングにつながっている。

　そのような未来を見据えた企業キャラクターコミュニケーションの実験的な取り組み、「CHABOT」の実例を紹介します。

　CHABOTとはChatGPTを活用した高精度の自動会話が可能なロボットで、実際に動き、しゃべるキャラクターによって生活者への新たな体験価値の提供を目的として開発されました。

　CHABOTに話しかけると、そのキャラクターの個性をしっかりと保ちながら応答してくれるので、現実世界に現れたリアルなキャラクターとの会話を自然に楽しむことができます。

　"Ponta(ポンタ)"タイプのCHABOT、「CHABOT Ponta」は、何を話しかけてもPonta(ポンタ)らしく対話をしてくれるため、生

活者のPonta（ポンタ）への愛着醸成につながることはもちろん、Ponta（ポンタ）との会話の中で、自然に商品・サービスの情報を織り交ぜていくことが可能となっています（図4-19）。

■ 図4-19　CHABOT

green Lawsonでの実証実験

　CHABOTは日常の会話やアイデアの壁打ち相手、店頭での受付や接客への活用が今後期待され、CHABOTと生活者の会話内容に含まれる多くの情報をマーケティング活用していくことで、企業のサービスの向上につなげていくことを目的とした取り組みも始まっています。

　実証実験として、2024年にはコンビニエンスストア「ローソン」の実験店舗「green Lawson（グリーンローソン）」で、店員の代わり

にお客様と会話をする試みが行われました（図4-20）。

　CHABOT Pontaが、来店した多くのお客様とコミュニケーションを取り、日常的な会話だけでなく、おすすめの商品を紹介して反応を見たり、green Lawsonのコンセプトや取り組みを紹介したり、会話内容を次のマーケティングに活かしていくといったトライアルが行われています。

　ゆくゆくは、店頭での会話だけでなく会話のつづきが家でスマホを通じて楽しめるようになり、オンラインとオフラインがキャラクターとの会話でつながるといった機能の実装も想定しています。

■ 図4-20　green Lawsonでの実証実験の様子

4-6 企業キャラクターとファンコミュニティ

ファンコミュニティの形成が不可欠な時代に

　メディアの変化はファンコミュニティ（ネットやSNS上で形成される、ブランドや商品・サービスに対してのファン集団）の形成にも大きな変化をもたらしました。

　SNSでのリアクションや簡単なフォローなどといった比較的参加障壁の低いコミュニティの形成が可能になったため、コミュニティ自体の数も無尽蔵に増え、参加人数もこれまでとは比にならないボリュームで形づくられるようになっています。

　一度コミュニティを形成してしまえば、その関係が続く限り企業や商品・サービスとユーザーとの関係が続き、その関係においてアップセル・クロスセルといったことにもつながってくるため、いまの時代いかにユーザーを囲い込み、ファンコミュニティを形成するのかということは企業にとって無視することのできない大切なポイントです（図4-21）。

■ 図4-21　ファンコミュニティの形成

簡単にはつくれない
ファンコミュニティの顔

　企業や商品・サービス自体がとても特徴的で人を惹きつけるアイコニックな顔つきをもっていたり、企業や商品・サービスに確かな信頼と魅力があり、共感をよぶブランドフィロソフィがあれば、それを旗印にファンコミュニティを形成できる可能性は十分にあります。

　一方で、そこまで大きな差別化要素や特徴がもてない場合に、企業や商品・サービスが直面する課題は、そのコミュニティの顔・求心力となりコミュニティを回してくれる役回りづくりです。

　たとえば、企業や商品・サービスの顔として多用される手法にタレントの起用があります。広告コミュニケーションにおいてア

イキャッチパワーや即効性に優れた効果を発揮するタレントですが、ファンコミュニティの顔として考えた場合、タレントは他社の広告に出演しているケースも多く、広告契約の期間終了とともに他のタレントにスイッチする可能性があるため、ブランドと不可分の存在として長期的、永続的にファンコミュニティの顔に据えることはなかなか難しい部分があります。

　そのようなときにも、企業キャラクターという存在は大いに活躍してくれるチカラをもっています。

　そもそも、企業や商品・サービスを体現する存在が企業キャラクターなので、ファンコミュニティの顔・象徴として申し分ないですし、企業や商品・サービスへの共感だけでなくキャラクター自体への愛着も加わることで、ブランドとの結びつきをより強固に、さらに深いものにしてくれます。

　また、キャラクターという人格には、ファンコミュニティを回し、コミュニティを率いてくれる役回りも期待できます。

　ひとたびキャラクターを軸としたコミュニティが形成されれば、キャラクターを通して、永続的に企業や商品・サービスのメリットやフィロソフィを伝え続けることができるのです。

　もっとも、ここは重ねて述べておきますが、どんな企業キャラクターでもすぐにファンコミュニティの顔になれるわけでなく、キャラクターがコミュニティの顔として認められ、愛される存在になるためには、第3章で解説した通り、キャラクターの育成が不可欠なことは忘れてはいけません。

ファンコミュニティの拡張

　つづけてふれたいのが、キャラクターを活用したファンコミュニティの拡張手法です。

　企業や商品・サービスが新たに求めるターゲット層やこれまでつながりのもてなかった層のコミュニティにキャラクターを飛び込ませ、その先のファンを自らのコミュニティに連れてくるという手法は、YouTuber同士がコラボしてフォロワーを交換しあうようなものに近いでしょう。

　サンリオの人気キャラクターが他のアニメ・キャラクターコンテンツやアイドルグループとさまざまなコラボレーションを実施することで、ファンコミュニティ同士を結びつけ、ファンのすそ野を広げている例もイメージしやすいのではないかと思います。

　異種コンテンツのファンコミュニティや、ときにはリアルな人間のファンコミュニティにまで訪問し、そのコミュニティのファンに好まれる形に変化、デザインカスタマイズしながら溶け込んでいける柔軟性は、まさにキャラクターならではの強みです。

　SNSによって、人が気軽にコミュニティを形成できるようになり、細分化された膨大なコミュニティが日々増え続ける中で、友達がたくさんいるところにキャラクターが出かけていって、さらに友達を増やす（図4-22）。

　そのような、コミュニティをわたり歩く新しい時代の企業キャラクターの活躍がすでに始まっています。

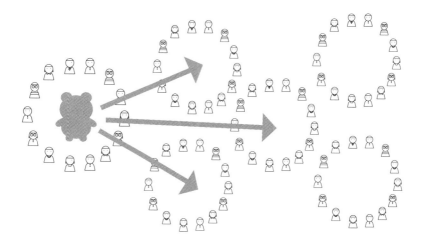

■ 図4-22　キャラクターがコミュニティをわたり歩く

4-7 ファンコミュニティの拡張実例

バファローズ☆ポンタ

バファローズ☆ポンタの誕生

　Ponta（ポンタ）は前述のようにXを中心としたSNSの活用によって、ファンとのエンゲージメントを高めてきましたが、それをさらに高めるきっかけとなったのが「バファローズ☆ポンタ」の登場です（図4-23）。

■ 図4-23　バファローズ☆ポンタ

2016年に共通ポイントサービス「Ponta」がプロ野球チーム「オリックス・バファローズ」のキャップスポンサーとなったことから、オリックス・バファローズを応援するキャラクター「バファローズ☆ポンタ」が新たに誕生し活動をはじめました。

　姿かたちや家族構成などはPonta(ポンタ)と同一ですが、オリジナルのPonta(ポンタ)とは別のキャラクターという設定で、パラレルフールドでのキャラクター展開になっています。

　バファローズ☆ポンタは、オリジナルのPonta(ポンタ)とは別の専用のXアカウントをもち、こちらのアカウントでも並行してPonta(ポンタ)ファン、およびオリックス・バファローズファンに対してオールウェイズ・オンのコミュニケーション活動を展開しています。

　アカウント活動の初年度はオリックス・バファローズの成績が芳しくなく、毎試合後に結果に応じてTwitter(現X)に投稿していた負け試合時の悲壮感漂うバファローズ☆ポンタの様子が、「ポンタ、大丈夫か!?」というように気遣う多くの声（突っ込み）をよび、ネット上でも大変話題になりました（図4-24）。

■ 図4-24　話題をよんだ負け試合時の投稿

ともにペナントレースを
応援しつづける存在になる

　オリジナルのPonta（ポンタ）が年間を通してファンとオールウェイズ・オンのコミュニケーションを行っているように、バファローズ☆ポンタもファンとともに野球のペナントレースを応援しつづけます。

　開幕前からのコミュニケーションを始め、開幕後は勝ち負けによる感情をファンと分かち合い、オリックス・バファローズの選手の日々の活躍や記念日などをともに祝い、交流戦、シーズン終盤の順位争い、クライマックスシリーズ、日本シリーズといったすべてのモーメントに寄り添ったバファローズ☆ポンタの応援投稿にファンが一喜一憂し、高いエンゲージメントをつくり続けました（図4-25）。

　そこでは、バファローズ☆ポンタが一体感の象徴となり、キャラクターを中心とした"ファンコミュニティ"が形成されたのです。

■ 図4-25　ペナントレース中のすべてのモーメントに寄り添う

Ponta(ポンタ)がファンコミュニティ同士を結びつける

　では、そもそもなぜPonta(ポンタ)がオリックス・バファローズを応援するのでしょうか？　もちろんスポンサーとなることで共通ポイントサービス「Ponta」の宣伝効果を狙ったわけですが、宣伝効果によって共通ポイントサービスの認知を獲得するということに留まらず、キャラクターを活用することでもともともっているファンコミュニティと新たなファンコミュニティを結びつける、つまりファンコミュニティの拡張によるポイントサービスユーザーの拡大という目的がありました。

　まず、オリジナルのPonta(ポンタ)がデザインを変化させバファローズ☆ポンタとして、野球といういままでとはまったく別のコミュニティに入りこみます。

　コミュニティごとに柔軟にデザインを変化させるなど、仕立てを組み替えやすいこともキャラクターのメリットです。

　Xでのコミュニケーション展開が功を奏し、バファローズ☆ポンタはオリックス・バファローズファンの心をとらえ、野球コミュニティの顔・中心となります。

　結果、オリックス・バファローズファンがキャラクター"Ponta(ポンタ)"のファンとなり、試合の日には多くの人が球場にPonta(ポンタ)のぬいぐるみをもって観戦するというムーブメントが生まれるに至りました（図4-26）。

　オリジナルのPonta(ポンタ)のファンコミュニティがありなが

ら、バファローズ☆ポンタという新しい派生キャラクターをつくり、別のコミュニティを丸ごとPonta(ポンタ)のファンにするこのような手法は、キャラクターという存在がいたからこそ行えたといえます。

　企業が何かしらの団体に協賛する場合、スポンサーとして企業の知名度アップを期待することが一般的ですが、企業キャラクターという存在を活用することで、知名度の向上に留まらず、協賛先のファンをそのまま自分たちのサービスのファンにしてしまうようなことも可能になるのです。

■ 図4-26　球場にPonta(ポンタ)のぬいぐるみをもってきているファンの様子

拡張しつづけるPonta（ポンタ）のファンコミュニティ

　共通ポイントは、現金と異なり、現実世界では実際に目に見えず、手にとることができません。そのサービスの象徴であるキャラクターPonta（ポンタ）は、リアルな熱量を実感できるコンテンツとのコラボレーションを通してユーザーとの体温をもった関係づくりをとくに重視しています。

　そのため、Ponta（ポンタ）は現在もファンとファンを結びつける役割を拡張しつづけ、野球の次はサッカーファンを取り込むために、2022年シーズンから名古屋グランパスとパートナー契約を締結し「グランパスポンタ」が誕生しています（図4-27）。新たなファンを求めてコミュニティからコミュニティへ、Ponta（ポンタ）の友達づくりはまだまだつづくでしょう。

©N.G.E. ©Ponta

■ 図4-27　グランパスポンタ

企業キャラクターは みんなのものへ

生活者が主導する企業キャラクターの活用

　Xのような自分の言葉を発信し交流するメディア、YouTubeのように動画を投稿し交流するメディア、Facebook、Instagram、TikTokのように自分の日常を切り取って発信するメディア。マスメディアを中心に情報が一方的に流れていた時代から、世の中は、誰もがより能動的に情報を発信しあう時代へと様変わりしました。

　企業もタレントも一般の生活者も、情報の発信環境はイコールコンディションとなり、誰もがインフルエンサーのような強い発信力をもつ存在になれるのです。

　生活者がさまざまなメディアで思い思いに情報を発信し、時にはマスメディア以上の影響力を及ぼすこともある環境の中で、これまで通りに企業キャラクターを企業だけが情報発信の手段として独占的に使用することは大変なチャンスロスにつながる可能性があります。

情報発信の大多数である生活者にも、デジタル上での情報伝達手段・コミュニケーションツールとして企業キャラクターを大いに活用してもらい、各ソーシャルメディア内での企業キャラクターの露出と情報流通量を向上させていくことが、情報伝達の効率上も今後ますます求められていくはずです。

　企業キャラクターがユーザーに成り代わり、朝の挨拶、日常の出来事にかわいくリアクションをとる、すでに定番化したLINEスタンプはその先駆けといえるでしょう。

　企業の代弁者ではなく、ユーザー自身の代弁者となったキャラクターが、LINE上でコミュニケーションをとりあうことで、キャラクターの存在感はますます広がっていくことになります。

　たとえば、2011年10月に初めてサービスとして開始されたLINEスタンプが盛り上がりを見せ始めた当時、楽天の企業キャラクター「お買いものパンダ」のLINEスタンプは、2013年5月〜2014年8月までの1年強でシリーズ合計のダウンロード数が約4,300万回、利用回数は約28億回（楽天 2014年8月12日プレスリリースより）という数字を記録。

　楽天パンダはこのスタンプから大きな認知とファンを獲得し、企業キャラクターとして大きく成長するきっかけになったといわれています。

生活者の行動が企業のマーケティングにつながる

　また、個々人をSNSのアイコンで認識するいまの時代に、ア

イコンメーカーなどでカスタマイズした企業キャラクターを自分の顔にしたり、TikTokなどで自分の顔にキャラクターのフィルターをかけ踊ったりしながらコンテンツを発信する、あるいは、メタバース上でキャラクターのアバターに乗り移りキャラクターの姿でコミュニケーションを楽しむなど、生活者主導による企業キャラクターの活用と拡散はすでにさまざまな施策を通して進んでいます。

　生活者がキャラクターと一体になりメディアを賑わす。その生活者の行動自体が企業のマーケティングにつながる（図4-28）。

　生活者が主導する企業キャラクターの活用は、確実に、いま、これからの企業キャラクターコミュニケーションを考えるうえでキーポイントになるでしょう。

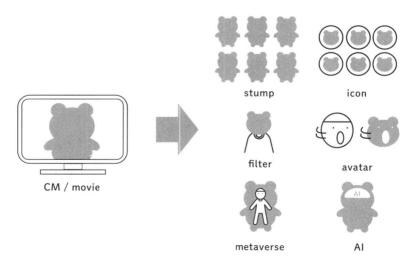

■ 図4-28　生活者が企業キャラクターの活用を主導し、その行動が企業のマーケティングにつながる

4-9 生活者主導型の実例①

キャラクターアバター

　キャラクターアバターとは、キャラクターをまるで"VTuber"のように自分の意のままに動かせるテクノロジーです。

　これまでキャラクターを動画で動かす場合、膨大な枚数のイラストをアニメーション化させたりCGで動かしたりと、大変な予算と時間、労力が必要でした。

　しかし、キャラクターアバターは一度つくってしまえば、モニター越しに自分が動くことで、画面内のキャラクターが自分と同じように動いてくれるという仕組みのため、それがそのままキャラクターの動画コンテンツになり、LIVE配信を行うことも可能です（図4-29）。

■ 図4-29　キャラクターアバターの仕組みのイメージ

キャラクターアバターの登場によって、いままで特定の人にしか動かせなかったキャラクターを誰もが手軽に扱えるようになったのです。
　企業側だけではなく、生活者側も自らキャラクターコンテンツを生成できるようになる。まさに企業キャラクターをみんなのものとするテクノロジーのひとつといえるでしょう。
　Ponta（ポンタ）もキャラクターアバターの活用をいち早く始めました。池袋駅の屋外大型モニターからライブで通行人に話しかけ、インタラクティブなコミュニケーションを図る施策（図4-30）や、スタジアム用の動画、SNS用の投稿動画の制作（図4-31）などさまざまな取り組みを進めています。

■ 図4-30　池袋のOOHから通行人に直接話しかけるPonta（ポンタ）

新宿、渋谷のモニターでも実施

■ 図4-31　アバターで動画が簡単につくれるのでさまざまなタイプの動画をフットワークよく使い分けられる

4-10 生活者主導型の実例②

アイコンメーカー

2021年6月には、目指せ100万人！を合言葉に「X(旧Twitter)」上で自分だけのオリジナルPonta(ポンタ)デザインのアイコンが生成できるキャンペーンが展開されました。

本施策によってユーザーとPonta(ポンタ)との一体感の醸成につながると同時に、Ponta(ポンタ)のアイコンがX上に拡散。Ponta(ポンタ)の認知拡大につながりました。実際、約11万人がアイコンメーカーを使ってアイコンをつくるに至りました（図4-32、図4-33）。

Ponta(ポンタ)のオリジナルアイコンをつくれるポンタアイコンメーカー

■ 図4-32 アイコンメーカーでアイコンをPonta(ポンタ)に変える人が続出

「バファローズ☆ポンタ」のオリジナルアイコンを作れるバファ☆ポンアイコンメーカー

Ponta(ポンタ)へのリプライコメントの大半が
Ponta(ポンタ)アイコンメーカーで作成したアイコンに

■ 図4-33　バファ☆ポンアイコンメーカーとPonta(ポンタ)アイコンで埋まるリプライコメント

4-11 生活者主導型の実例③ キャラクターARフィルター

「キャラクターARフィルター」はTikTokやInstagramのARフィルター機能にキャラクターを掛けあわせたもので、ゲーム感覚で遊んでもらいながらキャラクターへの親近感の醸成と、認知拡大が期待できます。

アバターのように自分がキャラクターになることもできますし、キャラクターを用いたゲームづくりや、自分の部屋にAR上で3Dのキャラクターを置いたりすることも可能です（図4-34）。

キャラクターARフィルターによって、企業キャラクターが商品・サービスの宣伝役から、ユーザー自身が自由に遊べるコンテンツへと変化するのです。

SNS上で企業側が何らかの宣伝投稿を行わなくても、次々にユーザー発で生成されるUGC（User-Generated Content：企業側ではなく、生活者側のユーザーによって生成・発信されるコンテンツ）とよばれるキャラクターコンテンツがSNS上で拡散し、キャラクターの認知が自動的に高まるという、これまでにない形でのキャラクターの認知経路がつくられました。

まばたきでPonta（ポンタ）を
増やすARフィルターゲーム

Ponta（ポンタ）がクリスマス
ソングを歌ってクリスマスを
盛り上げるARフィルター

試合の勝ち負けに応じて出しわけられる「バファローズ☆ポンタ」応援ARフィルター

■ 図4-34　Ponta（ポンタ）のキャラクターARフィルター活用事例

4-12 時代の波をとらえ、乗りこなす企業キャラクター

　本章ではデジタル時代の企業キャラクターコミュニケーションと題して、いまそしてこれからの企業キャラクターコミュニケーションにふれてきましたが、マーケティング領域においてデジタル化が声高に叫ばれる昨今においても、従来のマス媒体をはじめとした広告コミュニケーションが使えなくなった、機能しなくなったということではありません。コミュニケーションの選択肢がますます多様化しているととらえるべきできしょう。

　多種多様なコミュニケーション手法がラインアップされ、かつ、デジタルによって顧客と企業がつながりつづけるこの時代には、あらゆるタイミング、あらゆるコンタクトポイントが顧客の信頼感や愛着心を高めるチャンスです。

　商品・サービスの機能や価格だけでは差別化が困難ないまの時代には、それらすべての接点、すべての段階を通じて感じる企業やブランドへのファン心理やワクワク感など、総合的な顧客体験の満足感こそがロイヤルカスタマー化への鍵となります。

　そのような時代のソリューションとして、従来のマスコミュニケーション、イベントや店頭プロモーションに代表されるリアル

コミュニケーション、そしてデジタルコミュニケーションまで、企業・ブランドの象徴として、コミュニケーターとして一気通貫、その場に応じ柔軟に形を変えながら一連の顧客体験に寄り添える企業キャラクターの強みをここまで解説してきました。

デジタルがコミュニケーションのあり方を大きく変えたように、今後もいままでには考えられなかったようなコミュニケーション手法が次々と現れるでしょう。

そのような未知の変化にも、企業キャラクターの変わり続けられる力に柔軟に対応し、時代の波を乗りこなしてくれると筆者は強く信じています（図4-35）。

■ 図4-35　時代の波を乗りこなしどの時代にも適応する企業キャラクター

おわりに

　ヒットするかしないかが読みにくいキャラクタービジネスの厳しい現実に対し、「キャラクターは水物」という言葉がよく使われますが、キャラクターの生みの親としては、その将来が運任せや、出たとこ勝負というのは寂しい限りです。

　何とか立派に育ってほしいという願いを込めて、育児書を書き上げる心持ちで、本書では企業キャラクターコミュニケーションのノウハウを暗黙知から形式知へと、できる限りの言語化、体系化に努めたつもりです。

　一方で、書き進めれば進めるほど、まだまだ追究・深掘りの余地が多く残されていることに気づかされましたが、そこはポジティブに、企業キャラクターの未だ知られていない潜在的な能力や大きな可能性だと考えたいと思います。

　企業キャラクターコミュニケーションに取り組まれている方々が、本書を片手に、そして企業キャラクターは決して水物ではないという想いとともに、自社のキャラクターのポテンシャルを引き出し、育て上げていただけることを切に願っています。

　　　　　　　　　　　　　　　　　　　　　　　　　山本達也

昨今、新しいメディアやテクノロジーの登場により、バラエティ豊かな方法でコンテンツを楽しめたり、1つのコンテンツが一度に世界中に広まったりとこれまでには考えられないようなことが起こるようになっています。

　これはまだ始まりにすぎず、これから予想だにしないコミュニケーションの手法が生まれてくるのではとワクワクします。

　そんな時代に企業マーケティングのかたわらにキャラクターを携えておくことで、新しい手法に合わせてキャラクターを実験的に活用したり、まだ見ぬコミュニケーションに備えてキャラクターを温めておくなんてこともできるかもしれません。

　日本ならではのキャラクターコミュニケーションで企業マーケティングの新しい手法が次々と生まれていくことを夢見て、自分自身もこれからもキャラクターに関わっていきたいと思っています。

　この本がそんな未来へのベースになるような一冊になれば幸いです。

糸乘健太郎

謝　辞

　本書の執筆にあたり、取材協力ならびに図版提供をいただいた株式会社ロイヤリティ マーケティング様ならびに同社の張素芸様へ厚く御礼申し上げます。

　また、刊行に向け、お力添えをいただいた皆さまに深謝申し上げます（順不同）。

- 株式会社テレビ東京様
- 株式会社ローソン様
- オリックス野球クラブ株式会社様
- 株式会社名古屋グランパスエイト様
- 都城市様
- いらすとや みふねたかし様
- misato.様

本書内容に関する お問い合わせについて

このたびは翔泳社の書籍をお買い上げいただき、誠にありがとうございます。弊社では、読者の皆様からのお問い合わせに適切に対応するため、以下のガイドラインへのご協力をお願いしております。下記項目をお読みいただき、手順に従ってお問い合わせください。

■ ご質問される前に
弊社Webサイトの「正誤表」をご参照ください。これまでに判明した正誤や追加情報を掲載しています。

正誤表　https://www.shoeisha.co.jp/book/errata/

■ ご質問方法
弊社Webサイトの「書籍に関するお問い合わせ」をご利用ください。
書籍に関するお問い合わせ
https://www.shoeisha.co.jp/book/qa/

インターネットをご利用でない場合は、FAXまたは郵便にて、下記"翔泳社 愛読者サービスセンター"までお問い合わせください。電話でのご質問は、お受けしておりません。

■ 回答について
回答は、ご質問いただいた手段によってお返事申し上げます。ご質問の内容によっては、回答に数日ないしはそれ以上の期間を要する場合があります。

■ ご質問に際してのご注意
本書の対象を超えるもの、記述個所を特定されないもの、また読者固有の環境に起因するご質問等にはお答えできませんので、あらかじめご了承ください。

■ 郵便物送付先およびFAX番号
送付先住所　〒160-0006 東京都新宿区舟町5
FAX番号　　03-5362-3818
宛先　　　　（株）翔泳社 愛読者サービスセンター

※ 本書に記載されたURL等は予告なく変更される場合があります。
※ 本書の出版にあたっては正確な記述につとめましたが、著者や出版社などのいずれも、本書の内容に対してなんらかの保証をするものではなく、内容やサンプルに基づくいかなる運用結果に関してもいっさいの責任を負いません。
※ 本書に記載されている会社名、製品名はそれぞれ各社の商標および登録商標です。

著者略歴

山本 達也（やまもと・たつや）
2001年上智大学法学部卒業後、(株)電通入社。クリエイティブディレクター、コピーライターとして広告コミュニケーションのプランニング、国内外の数々の企業キャラクター開発、企業キャラクターのリブランディングやコンサルティングに携わる。企業の課題を起点とした戦略的な企業キャラクターの開発と活用を提唱し、大学等の教育機関、セミナーでの講演多数。代表的な開発キャラクターに共通ポイントサービスPonta「Ponta(ポンタ)」、テレビ東京「ナナナ」。東京コピーライターズクラブ（TCC）会員。

糸乘 健太郎（いとのり・けんたろう）
2001年金沢美術工芸大学を卒業後、（株）電通入社。キャラクターコミュニケーションを中心に活動。2021年にはテクノロジーをキャラクターに掛け合わせ顧客体験をアップグレードする「キャラクターCXソリューション」をリリース。新しいキャラクターの活用を模索し続ける。代表的な開発キャラクターに共通ポイントサービスPonta「Ponta(ポンタ)」、テレビ東京「ナナナ」、株式会社Dリーグ「DANCE-K」。

取材協力	張素芸（ロイヤリティ マーケティング）
ブックデザイン	沢田幸平（happeace）
DTP	BUCH⁺

強いブランドをつくる
キャラクターマーケティングの新しい教科書

企業キャラクターの開発・育成・運用からコミュニケーション戦略まで

2025年2月20日 初版第1刷発行

著者	山本 達也（やまもと たつや） 糸乗 健太郎（いとのり けんたろう）
発行人	佐々木 幹夫
発行所	株式会社 翔泳社（https://www.shoeisha.co.jp）
印刷・製本	中央精版印刷株式会社

©2025 Tatsuya Yamamoto, Kentaro Itonori

本書は著作権法上の保護を受けています。本書の一部または全部について（ソフトウェアおよびプログラムを含む）、株式会社 翔泳社から文書による許諾を得ずに、いかなる方法においても無断で複写、複製することは禁じられています。
本書へのお問い合わせについては、253ページに記載の内容をお読みください。
造本には細心の注意を払っておりますが、万一、乱丁（ページの順序違い）や落丁（ページの抜け）がございましたら、お取り替えいたします。03-5362-3705までご連絡ください。
ISBN978-4-7981-8287-2

Printed in Japan